AF173075

Formelsammlung
Aktien-, Zins- und Währungsderivate

Lizenz zum Wissen.

Sichern Sie sich umfassendes Wirtschaftswissen mit Sofortzugriff
auf tausende Fachbücher und Fachzeitschriften aus den Bereichen:
Management, Finance & Controlling, Business IT, Marketing,
Public Relations, Vertrieb und Banking.

Exklusiv für Leser von Springer-Fachbüchern: Testen Sie Springer
für Professionals 30 Tage unverbindlich. Nutzen Sie dazu im
Bestellverlauf Ihren persönlichen Aktionscode C0005407 auf
www.springerprofessional.de/buchkunden/

**Jetzt
30 Tage
testen!**

Springer für Professionals.
Digitale Fachbibliothek. Themen-Scout. Knowledge-Manager.

- Zugriff auf tausende von Fachbüchern und Fachzeitschriften
- Selektion, Komprimierung und Verknüpfung relevanter Themen
  durch Fachredaktionen
- Tools zur persönlichen Wissensorganisation und Vernetzung

www.entschieden-intelligenter.de

Springer für Professionals    Springer

Susanne Kruse

Formelsammlung Aktien-, Zins- und Währungsderivate

2. Auflage

 Springer Gabler

Susanne Kruse
Hochschule Karlsruhe – Technik und Wirtschaft
Karlsruhe, Deutschland

ISBN 978-3-658-28613-2   ISBN 978-3-658-28614-9   (eBook)
https://doi.org/10.1007/978-3-658-28614-9

Die Deutsche Nationalbibliothek verzeichnet diese Publikation in der Deutschen Nationalbibliografie; detaillierte bibliografische Daten sind im Internet über http://dnb.d-nb.de abrufbar.

© Springer Fachmedien Wiesbaden GmbH, ein Teil von Springer Nature 2015, 2021
Das Werk einschließlich aller seiner Teile ist urheberrechtlich geschützt. Jede Verwertung, die nicht ausdrücklich vom Urheberrechtsgesetz zugelassen ist, bedarf der vorherigen Zustimmung des Verlags. Das gilt insbesondere für Vervielfältigungen, Bearbeitungen, Übersetzungen, Mikroverfilmungen und die Einspeicherung und Verarbeitung in elektronischen Systemen.
Die Wiedergabe von allgemein beschreibenden Bezeichnungen, Marken, Unternehmensnamen etc. in diesem Werk bedeutet nicht, dass diese frei durch jedermann benutzt werden dürfen. Die Berechtigung zur Benutzung unterliegt, auch ohne gesonderten Hinweis hierzu, den Regeln des Markenrechts. Die Rechte des jeweiligen Zeicheninhabers sind zu beachten.
Der Verlag, die Autoren und die Herausgeber gehen davon aus, dass die Angaben und Informationen in diesem Werk zum Zeitpunkt der Veröffentlichung vollständig und korrekt sind. Weder der Verlag, noch die Autoren oder die Herausgeber übernehmen, ausdrücklich oder implizit, Gewähr für den Inhalt des Werkes, etwaige Fehler oder Äußerungen. Der Verlag bleibt im Hinblick auf geografische Zuordnungen und Gebietsbezeichnungen in veröffentlichten Karten und Institutionsadressen neutral.

Springer Gabler ist ein Imprint der eingetragenen Gesellschaft Springer Fachmedien Wiesbaden GmbH und ist ein Teil von Springer Nature.
Die Anschrift der Gesellschaft ist: Abraham-Lincoln-Str. 46, 65189 Wiesbaden, Germany

Vorwort

Begleitend zu dem im gleichen Verlag erschienenen Lehrbuch *Aktien-, Zins- und Währungsderivate – Märkte, Einsatzmöglichkeiten, Bewertung und Risikoanalyse* soll mit dieser Formelsammlung den Lesern, darunter insbesondere Studierende und Praktiker in den Bereichen Treasury, Risikocontrolling und Innenrevision von Banken und Industrieunternehmen, ein übersichtliches Nachschlagewerk der Formeln zur Bewertung und Risikoanalyse von Derivaten zur Hand gegeben werden.

Hierbei konzentriert sich diese Formelsammlung nicht nur auf die im Lehrbuch dargestellten Formeln, sondern ergänzt das Lehrbuch hinsichtlich der dort aus didaktischen Gründen oftmals skizzierten Bewertungsideen.

Susanne Kruse

Inhaltsverzeichnis

Notations- und Abkürzungsverzeichnis

$a(0,t)$	vergangene Zinstage einer Zinsperiode im Falle der Zinsrechnungskonvention 30/360
BPV_t	Basis Point Value der Zahlungen im Zeitpunkt t
BW	Barwert
BW^{akt}	heutiger, aktueller Barwert
c	Höhe der Kuponzahlungen einer Anleihe
c^C	Betrag der Mittelanlage/-aufnahme der Handelsstrategie zur Absicherung einer Call-Option im Binomialmodell
c^P	Betrag der Mittelanlage/-aufnahme der Handelsstrategie zur Absicherung einer Put-Option im Binomialmodell
c_0	Stückzinsen
$C(0)$	heutiger Preis einer Call-Option
$C(T)$	Auszahlungsprofil einer Call-Option zum Zeitpunkt T
$c(0,t)$	aktueller Kuponzins mit Laufzeit t
$c_s(0,t)$	aktueller Swap-Satz mit Laufzeit t
$c_s(t,T)$	aktueller Forward-Swap-Satz für einen Swap beginnend in t mit Laufzeit $T-t$
$C^a(0)$	heutiger Preis einer amerikanischen Call-Option
$C_d(t)$	Preis einer einer europäischen Call-Option mit einfacher Abwärtsbewegung zum Zeitpunkt t
$C_{dd}(t)$	Preis einer einer europäischen Call-Option mit zweifacher Abwärtsbewegung zum Zeitpunkt t
$C^e(0)$	heutiger Preis einer europäischen Kaufoption
$C_{IW}(0)$	heutiger innerer Wert einer Call-Option
$C_u(t)$	Preis einer einer europäischen Call-Option mit einfacher Aufwärtsbewegung zum Zeitpunkt t
$C_{ud}(t)$	Preis einer einer europäischen Call-Option mit Auf- und Abwärtsbewegung zum Zeitpunkt t

$C_{uu}(t)$ Preis einer einer europäischen Call-Option mit zweifacher Aufwärtsbewegung zum Zeitpunkt t

$CCS^{FX-Payer}(0)$ heutiger Wert eines Cross Currency Swaps aus Sicht des Fremdwährungszahlers

$CCS^{FX-Receiver}(0)$ heutiger Wert eines Cross Currency Swaps aus Sicht des Fremdwährungsempfängers

CF_t Zahlungsstrom eines Finanzinstrumentes in den Zeitpunkten $t = 1, \ldots, T$

$CP(0)$ Clean Price einer Anleihe

d Abwärtsrendite

$D_\#$ Anzahl Tage im letzten Monat der Zinsperiode

$D(t)$ Wert des Derivates zum Zeitpunkt t

d_1, d_2 spezielle Stellen der Normalverteilungsfunktion $N(d)$

$D_d(T)$ durch Aufwärtsrendite d definierter Derivatwert zum Zeitpunkt der Fälligkeit T

$D_u(T)$ durch Aufwärtsrendite u definierter Derivatwert zum Zeitpunkt der Fälligkeit T

$DF(0,t)$ aktueller Diskontfaktor mit Laufzeit t

$DF(t,T)$ Forward-Diskontfaktor von t bis T

$DF^A(0,t)$ aktueller Diskontfaktor in der Auslandswährung mit Laufzeit t

$DF^I(0,t)$ aktueller Diskontfaktor in der Inlandswährung mit Laufzeit t

div proportionale Dividendenrendite einer Aktie bzw. eines Aktienindizes

$Div(t)$, Div Dividendenzahlung einer Aktie zum Zeitpunkt t

e Eulersche Zahl

$E[\ldots]$ Erwartungswert

$E[D(T)]$ Erwartungswert einer zukünftigen Derivatauszahlung

$E[U(T)]$ Erwartungswert eines zukünftigen Kurses des Basiswerts

$ES^{Payer}(t^*)$ Wert eines Equity for Floating Swaps aus Sicht des Payers im Zeitpunkt t^*

$ES^{Receiver}(t^*)$ Wert eines Equity for Floating Swaps aus Sicht des Receivers im Zeitpunkt t^*

EURIBOR   European Interbank Offered Rate

F vereinbarter Forward-Preis

$F_K(T)$ aktueller, fairer Forward-Preis einer Kuponanleihe für den Erfüllungszeitpunkt T

$F_{K_{ZB}}(T)$ aktueller, fairer Forward-Preis eines Zero Bonds für den Erfüllungszeitpunkt T

$F_S(T)$ aktueller, fairer Forward-Preis einer Aktie für den Erfüllungszeitpunkt T

$F_{SI}(T)$ Forward-Preis eines Aktienindizes mit bekannter Dividendenrendite

$F_{S,d}^{T/2}(T)$ Forward-Preis einer Aktie zum Zeitpunkt $T/2$ mit Erfüllungszeitpunkt T im Falle der Abwärtsbewegung um d

$F_{S,u}^{T/2}(T)$	Forward-Preis einer Aktie zum Zeitpunkt $T/2$ mit Erfüllungszeitpunkt T im Falle der Aufwärtsbewegung um u
$F_U(T)$	aktueller, fairer Forward-Preis des Underlyings U mit Erfüllungszeitpunk T
$F_X(t)$	aktueller, fairer Terminwechselkurs für den Zeitpunkt T
$F_X^M(t)$	aktueller fairer Terminwechselkurs in Mengennotierung für den Zeitpunkt T
FRA	Forward Rate Agreement
$FRA(t, t+\Delta t)$	aktueller FRA-Satz für die Periode von t bis $t+\Delta t$
$FPS(0)$	heutiger Wert eines Forward Payer Swaps
$FR(t,T)$	aktueller Forward-Zero-Zinssatz/Terminzinssatz für die Periode von t bis T
$FR^{Ref}(t,T),$ $FR^{Fwd}(t,T)$	aktueller Forward-Zero-Zinssatz/Terminzinssatz aus der Zinsstruktur der Referenzzinssätze für die Periode von t bis T
$FR^{lin}(t,T)$	aktueller, linear verzinslicher Forward-Zinssatz für die Periode von t bis T
$FR_r(t,T)$	aktueller, stetiger Forward-Zins für die Periode von t bis T
$FRS(0)$	heutiger Wert eines Forward Receiver Swaps
$FSR(t,T)$	Forward Swap Rate für die Periode von t bis T
$I(T)$	Stand eines Aktienindizes im Zeitpunkt t
$IRS^{Payer}(0)$	heutiger Wert eines Kuponswaps aus Sicht des Payers
$IRS^{Receiver}(0)$	heutiger Wert eines Kuponswaps aus Sicht des Receivers
$i(0,t)$	lineare Rendite eines Zero Bonds mit Laufzeit t
$i^A(0,t)$	linearer Zinssatz in der Auslandswährung mit Laufzeit t
$i^I(0,t)$	linearer Zinssatz in der Inlandswährung mit Laufzeit t
$i^{Ref}(t,T)$	zum Zeitpunkt t am Markt vorliegender Referenzzins mit Laufzeit $T-t$ bis zum Zeitpunkt T,
k	Basiszinssatz (Strike)
K	Basispreis/Ausübungspreis einer Option
$K(0)$	heutiger Kurs einer Kuponanleihe
$K^A(0)$	heutiger Kurs der Auslandsanleihe
$K_{FRN}(0)$	heutiger Wert einer Floating Rate Note
$K_{FRN}^{LZ=T}(0)$	heutiger Wert einer Floating Rate Note mit Fälligkeit in T
$K^I(0)$	heutiger Kurs der Inlandsanleihe
$K^{LZ=T}(0)$	heutiger Wert einer Kuponanleihe mit Fälligkeit in T
$K^{akt}(0)$	aktueller Wert einer Kuponanleihe bzw. Floating Rate Note zur vorliegenden Zinsstruktur
$K^{szen}(0)$	neuer Wert einer Kuponanleihe bzw. Floating Rate Note in einem kurzfristigen Zinsszenario
$K_{ZB}^{szen}(0)$	neuer Wert eines Zero Bonds in einem kurzfristigen Zinssszenario
$K_{ZB}(0),\ K_{ZB}^{akt}(0)$	aktueller Wert eines Zero Bonds zur vorliegenden Zinsstruktur
$K(t)$	Wert einer Kuponanleihe zum Zeitpunkt t
KRD_t	Key Rate Duration der Zahlungen im Zeitpunkt t
ln	natürlicher Logarithmus zur Basis e

$M_\#$	Anzahl Monate der Zinsperiode
MD	Modified Duration
N	Nominal, Nominalvolumen
n	unterjährige Zinszahlungsfrequenz
$n(d),\,N'(d)$	Dichte der Standardnormalverteilung
$N(d)$	Wert der Normalverteilungsfunktion an der Stelle d
p, p_d, p_u	risikoneutrale Wahrscheinlichkeiten im Binomialmodell
$P(T)$	Auszahlungsprofil einer Put-Option zum Zeitpunkt T
$P_d(t)$	Preis einer Put-Option mit einfacher Abwärtsbewegung zum Zeitpunkt t
$P_{dd}(t)$	Preis einer Put-Option mit zweifacher Abwärtsbewegung zum Zeitpunkt t
$P^e(0)$	heutiger Preis einer europäischen Put-Option
$P_{IW}(0)$	heutiger innerer Wert einer Put-Option
$P_u(t)$	Preis einer Put-Option mit einfacher Aufwärtsbewegung zum Zeitpunkt t
$P_{ud}(t)$	Preis einer Put-Option mit Auf- und Abwärtsbewegung zum Zeitpunkt t
$P_{uu}(t)$	Preis einer Put-Option mit zweifacher Aufwärtsbewegung zum Zeitpunkt t
$PS(0)$	Barwert einer Payer Swaption
$PS(t)$	Auszahlungsprofil einer Payer Swaption im Fälligkeitszeitpunkt t
r	stetiger Zins einer flachen Zinsstruktur
$r(0,t)$	aktueller, stetiger Zins mit der Laufzeit t
r_A, r_I	stetiger Zinssatz in Fremd-bzw. Eigenwährung
$RS(0)$	heutiger Barwert einer Receiver Swaption
$RS(t)$	Auszahlungsprofil einer Receiver Swaption im Fälligkeitszeitpunkt t
s	Spread/Quoted Margin/Zinsaufschlag
$S(0)$	heutiger Aktienkurs
$s(0,t)$	laufzeitabhängiger Kreditrisikospread mit Laufzeit t
$S(t)$	Aktienkurs zum Zeitpunkt t
$S_d(t)$	Aktienkurs mit einfacher Abwärtsbewegung zum Zeitpunkt t
$S_{dd}(t)$	Aktienkurs mit zweifacher Abwärtsbewegung zum Zeitpunkt t
$S_I(0)$	Aktienindex mit bekannter Dividendenrendite
$S_u(t)$	Aktienkurs mit einfacher Aufwärtsbewegung zum Zeitpunkt t
$S_{ud}(t)$	Aktienkurs mit Auf- und Abwärtsbewegung zum Zeitpunkt t
$S_{uu}(t)$	Aktienkurs mit zweifacher Aufwärtsbewegung zum Zeitpunkt t
t, t^*, t_i	Zeitpunkte
T	Laufzeit/Fälligkeit eines Kontraktes
T_A	Fälligkeitszeitpunkt einer Anleihe
t_c	Zeitpunkt der Kuponzahlungen einer Anleihe

u	Aufwärtsrendite
$U(0)$	heutiger Wert eines Underlyings
$U(t)$	Wert eines allgemeinen Basiswertes (Underlying) eines Derivates zum Zeitpunkt t
$U_d(T)$	durch Abwärtsrendite d definierter Basiswert (Underlying) zum Zeitpunkt der Fälligkeit T
$U_u(T)$	durch Aufwärtrendite u definierter Basiswert (Underlying) zum Zeitpunkt der Fälligkeit T
V	Vega, Optionssensitivität
V_C	Vega einer Call-Option
V_P	Vega einer Put-Option
$W(t)$	Brownsche Bewegung
$X(0)$	aktueller Wechselkurs in Preisnotierung
$X^M(0)$	aktueller Wechselkurs in Mengennotierung
y	Rendite bis Fälligkeit (Yield to Maturity) einer Kuponanleihe
z	exponentieller Nullkuponzins einer flachen Zinsstruktur
$z(0,t)$	aktueller, exponentieller Nullkuponzins mit Laufzeit t
$z^{CREDIT}(0,t)$	aktueller, exponentieller Nullkuponzins unter Berücksichtigung des Kreditrisikos mit Laufzeit t
$z^{Fwd}(0,1)$	Terminzinssatz der Forward-Kurve
$z_n(0,t)$	aktueller, exponentieller Nullkuponzins mit Zinszahlungsfrequenz n und Laufzeit t
β_i	Interpolationsparameter bei der Zinsstrukturschätzung durch die Bundesbank
Δ	Delta, Sensitivität bzgl. des Basiswertes
$\Delta_{abs}BW$	absolute Barwertänderung
$\Delta_{abs}CCS^{FX-Payer}(0)$	absolute Wertänderung eines Währungsswaps aus Sicht des Fremdwährungszahlers
$\Delta_{abs}CCS^{FX-Receiver}(0)$	absolute Wertänderung eines Währungsswaps aus Sicht des Fremdwährungsempfängers
$\Delta_{abs}K(0)$	absolute Wertänderung einer Kuponanleihe
$\Delta_{abs}K_{ZB}(0)$	absolute Wertänderung eines Zero Bonds
Δ_C	Delta einer Call-Option
$\Delta_C^n(K)$	$= x$, normalisiertes Call-Delta
Δ_F	Delta eines Devisenforwards
Δ_P	Delta einer Put-Option
Δ_{PF}	Delta eines Portfolios
$\Delta_{rel}K(0)$	relative Wertänderung einer Kuponanleihe
Δbp_t	Zinsänderung für die Laufzeit t in Basispunkten ausgedrückt
Δt	Länge einer Periode
Δy	Änderung der Yield to Maturity
$\Delta z(0,t)$	Änderung des aktuellen Zero-Zinssatzes in Prozent
δ_0	Investitionsbetrag in den Basiswert zum Bewertungszeitpunkt $t=0$

δ_0^C, δ_0^P	Investitionsbetrag im Rahmen der Handelsstrategie im Binomialmodell in den Basiswert eines Calls bzw. Puts zum Bewertungszeitpunkt $t = 0$
Γ	Gamma, Optionssensitivität
Γ_C	Gamma einer Call-Option
Γ_P	Gamma einer Put-Option
Θ	Theta, Optionssensitivität
Θ_C	Theta einer Call-Option
Θ_P	Theta einer Put-Option
σ	Schwankungsmaß/Volatilität eines Basiswertes
τ_i	Interpolationsparameter bei der Zinsstrukturschätzung durch die Bundesbank
Ω	Omega, prozentuale Änderung des Optionswertes bzgl. prozentualer Änderungen des Basiswertes

I
Finanzmathematische Grundlagen

1
Grundprinzipien der Finanzmathematik und der Zinsrechnung

Annahme des vollkommenen und vollständigen Finanzmarktes

- Der Finanzmarkt ist friktionslos.
- Alle Marktteilnehmer haben homogene Erwartungen.
- Es existieren keine Arbitragemöglichkeiten.
- Der Finanzmarkt ist vollständig.

Weitere im Folgenden zugrundeliegende Annahme, sofern nicht anders erwähnt:

- Bonitäts- bzw. Kreditrisiken werden nicht explizit in die Bewertung der Finanzinstrumente mit einbezogen.

© Springer Fachmedien Wiesbaden GmbH, ein Teil von Springer Nature 2021
S. Kruse, *Formelsammlung Aktien-, Zins- und Währungsderivate*,
https://doi.org/10.1007/978-3-658-28614-9_1

Zinsrechnungsarten und -konventionen

Diskontfaktoren

Heutiger **Diskontfaktor** $DF(0,t)$ der Laufzeit t bei einer **linearen Verzinsung** mit linearer Rendite $i(0,t)$

$$DF(0,t) = \frac{1}{1+i(0,t)\cdot t} = (1+i(0,t)\cdot t)^{-1} \tag{1.1}$$

Lineare Rendite $i(0,t)$ eines Zero Bonds

$$i(0,t) = \left(\frac{1}{DF(0,t)} - 1\right)\cdot\frac{1}{t} \tag{1.2}$$

Heutiger **Diskontfaktor** $DF(0,t)$ der Laufzeit t bei einer **exponentiellen Verzinsung** mit exponentieller Rendite $z(0,t)$

$$DF(0,t) = \frac{1}{(1+z(0,t))^t} = (1+z(0,t))^{-t} \tag{1.3}$$

Exponentielle Rendite $z(0,t)$ eines Zero Bonds

$$z(0,t) = \sqrt[t]{\frac{1}{DF(0,t)}} - 1 = DF(0,t)^{-\frac{1}{t}} - 1 \tag{1.4}$$

Für eine Laufzeit von einem Jahr gilt

$$z(0,1) = i(0,1) \tag{1.5}$$

Heutiger **Diskontfaktor** $DF(0,t)$ der Laufzeit t bei einer **unterjährigen Zinszahlungsfrequenz** n und zugehöriger Rendite $z_n(0,t)$

$$DF(0,t) = \frac{1}{(1+\frac{z_n(0,t)}{n})^{n\cdot t}} = \left(1+\frac{z_n(0,t)}{n}\right)^{-n\cdot t} \tag{1.6}$$

Unterjährige Rendite $z_n(0,t)$ **für** n **Zahlungstermine**

$$z_n(0,t) = \left(\sqrt[n \cdot t]{\frac{1}{DF(0,t)}} - 1 \right) \cdot n = \left(DF(0,t)^{-\frac{1}{n \cdot t}} - 1 \right) \cdot n \tag{1.7}$$

Heutiger **Diskontfaktor** $DF(0,t)$ der Laufzeit t bei einer **stetigen Verzinsung** mit stetiger Rendite $r(0,t)$

$$DF(0,t) = e^{-r(0,t) \cdot t} \tag{1.8}$$

Stetige Rendite $r(0,t)$ **eines Zero Bonds**

$$r(0,t) = -\frac{\ln(DF(0,t))}{t} \tag{1.9}$$

Zusammenhang der Zinsrechnungsarten

- Berechnung des exponentiellen Zinssatzes aus dem stetigen Zinssatz

$$z(0,t) = e^{r(0,t)} - 1 \tag{1.10}$$

- Berechnung des stetigen Zinssatzes aus dem exponentiellen Zinssatz

$$r(0,t) = \ln(1 + z(0,t)) \tag{1.11}$$

Zinsrechnungskonventionen

Stellung im Jahr für einen Kalendertag t nach der 30er Methode

$$a(0,t) = (M_{\#} - 1) \cdot 30 + D_{\#} \tag{1.12}$$

wobei $M_{\#}$ die Anzahl der Monate und $D_{\#}$ die Anzahl der Tage im letzten Monat bezeichnen.

Barwertberechnung

Barwert einer Zahlung (Cash Flow) CF_t zum Zeitpunkt t

$$BW = CF_t \cdot DF(0, t) \tag{1.13}$$

Barwert eines Zahlungsstroms mit jährlichen Zahlungen an den Zeitpunkten $t = 1, \ldots, T$

$$BW = \sum_{t=1}^{T} CF_t \cdot DF(0, t) \tag{1.14}$$

Risikoneutrale Bewertung nicht deterministischer Zahlungsströme

Zusätzliche Annahmen:

■ Das Underlying wird nur am Ende der Optionsfrist gehandelt und folgt dem folgenden stochastischen Modell für die Entwicklung des Underlyings U mit zwei Zuständen mit Aufwärtsrendite u und Abwärtsrendite d

■ **No-Arbitrage-Bedingung** im stochastischen Modell für die Entwicklung des Underlyings U mit zwei Zuständen mit Aufwärtsrendite u und Abwärtsrendite d.[1]

$$u > DF(0,T)^{-1} - 1 > d \qquad (1.15)$$

Abbildung 1.1 Entwicklung des Basiswertes und des Derivates

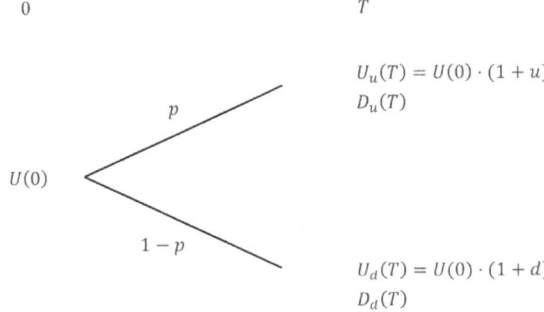

Fairer Wert $D(0)$ des Derivates mittels der Handelsstrategie in δ_0 Basiswerte und einer Mittelaufnahme bzw. -anlage in der Höhe von $D(0) - \delta_0 \cdot U(0)$:

$$\underbrace{D(0)}_{\text{Wert des Derivates}} = \underbrace{\underbrace{\delta_0 \cdot U(0)}_{\text{Investion in den Basiswert}} + \underbrace{(D(0) - \delta_0 \cdot U(0))}_{\text{Mittelaufnahme/-anlage im Zero Bond}}}_{\text{Wert der Handelsstrategie}} \qquad (1.16)$$

mit $U(0)$ heutiger Wert des Basiswertes und

$$\delta_0 = \frac{D_u(T) - D_d(T)}{U_u(T) - U_d(T)} \qquad (1.17)$$

und

---

[1] Die No-Arbitrage-Bedingung ist gleichbedeutend mit der Forderung, dass die Wahrscheinlichkeit p zwischen 0 und 1 liegt.

$$D(0) = \frac{D_d(T) \cdot U_u(T) - D_u(T) \cdot U_d(T)}{U_u(T) - U_d(T)} \cdot DF(0,T) + \frac{(D_u(T) - D_d(T)) \cdot U(0)}{U_u(T) - U_d(T)} \quad (1.18)$$

Fairer Wert $D(0)$ des Derivates mittels der risikoneutralen Wahrscheinlichkeiten p und $1 - p$

$$D(0) = DF(0,T) \cdot (p \cdot D_u(T) + (1 - p) \cdot D_d(T)) = DF(0,T) \cdot E[D(T)] \quad (1.19)$$

mit Wahrscheinlichkeit

$$p = \frac{\frac{U(0)}{DF(0,T)} - U_d(T)}{U_u(T) - U_d(T)} = \frac{\frac{1}{DF(0,T)} - (1 + d)}{u - d} \quad (1.20)$$

Bedingung der Risikoneutralität der Wahrscheinlichkeiten

$$U(0) = DF(0,T) \cdot E[U(T)] = DF(0,T) \cdot (p \cdot U_u(T) + (1 - p) \cdot U_d(T)) \quad (1.21)$$

2
Bewertung von festverzinslichen Finanzinstrumenten

Diskontfaktor- und Zinsstrukturkurve

Forward-Diskontfaktoren und Forward-Zero-Zinssätze

Heutiger **fairer Wert** $K_{ZB}(0)$ **eines Zero Bonds**

$$K_{ZB}(0) = DF(0,T) \cdot 100\% \tag{2.1}$$

Aktueller, **fairer Forward-Preis eines Zero Bonds** für den Erfüllungszeitpunkt t

$$F_{K_{ZB}}(t) = \frac{DF(0,T)}{DF(0,t)} \cdot 100\% \tag{2.2}$$

Impliziter Terminzinssatz oder **Forward-Zero-Zinssatz (Forward Rate)** $FR(t,T)$ für die Periode von t bis T

$$FR(t,T) = {}^{T-t}\!\sqrt{\frac{DF(0,t)}{DF(0,T)}} - 1 = {}^{T-t}\!\sqrt{\frac{(1+z(0,T))^T}{(1+z(0,t))^t}} - 1 \tag{2.3}$$

Forward-Diskontfaktor vom Zeitpunkt T auf den Zeitpunkt t mit $t \leq T$

$$DF(t,T) = \frac{DF(0,T)}{DF(0,t)} = (1 + FR(t,T))^{-(T-t)} \tag{2.4}$$

© Springer Fachmedien Wiesbaden GmbH, ein Teil von Springer Nature 2021
S. Kruse, *Formelsammlung Aktien-, Zins- und Währungsderivate*,
https://doi.org/10.1007/978-3-658-28614-9_2

Zinsstrukturkurven für unterschiedliche Bonitätsklassen

Zinsstrukturkurve $z^{CREDIT}(0,t)$ für Anleihegruppen mit Kreditrisiko mit risikoloser Zero Rate $z(0,t)$ und Kreditrisikospread $s(0,t)$

$$z^{CREDIT}(0,t) = z(0,t) + s(0,t) \tag{2.5}$$

Bewertung von Kuponanleihen

Annahme:

- Die Anleihen verbriefen eine jährliche Kuponzahlung und befinden sich in einem Zinszahlungstermin.

Berechnung der Kuponzahlung einer Kuponanleihe

Fällige Zahlung im Kupontermin einer Kuponanleihe unter Berücksichtigung der vereinbarten Zinsrechnungskonvention, des vereinbarten Kupons c und des zugrunde liegenden Nominals:

$$c \cdot \frac{\text{Zinstage in Kuponperiode}}{\text{Zinstage pro Jahr}} \cdot \text{Nominal} \tag{2.6}$$

Quotierung von Anleihen

Verkaufspreis einer Anleihe (**Dirty Price**) unter Verwendung des Kurses (**Clean Price**) $CP(0)$ und der Stückzinsen c_0

$$K(0) = CP(0) + c_0 \tag{2.7}$$

mit

$$c_0 = c \cdot \frac{\text{Zinstage seit Beginn der Kuponperiode}}{\text{Zinstage pro Jahr}} \cdot 100\% \tag{2.8}$$

Rendite (bis Fälligkeit) oder Yield to Maturity y einer Kuponanleihe

$$K(0) = \sum_{t=1}^{T} c \cdot (1+y)^{-t} + 100\% \cdot (1+y)^{-T} \tag{2.9}$$

Bewertung von Kuponanleihen in einem Kupontermin

Fairer Dirty Price einer Anleihe mit einem vereinbarten, jährlichen Kupon c und einer Laufzeit T

$$K(0) = \sum_{t=1}^{T} c \cdot DF(0,t) + 100\% \cdot DF(0,T) \tag{2.10}$$

$$= \sum_{t=1}^{T} c \cdot (1 + z(0,t))^{-t} + 100\% \cdot (1 + z(0,T))^{-T} \tag{2.11}$$

Bewertung von Floating Rate Notes

Annahme:

■ Die Anleihen verbriefen eine jährliche Kuponzahlung und befinden sich in einem Zinszahlungstermin.

Berechnung der Kuponzahlung einer Floating Rate Note

Fällige Zahlung im Kupontermin einer Floating Rate Note mit Zinsperiode der Länge Δt, die zum Zeitpunkt $t - \Delta t$ beginnt, und Zinsaufschlag s auf den Referenzzinssatz $i^{Ref}(t - \Delta t, t)$ unter Berücksichtigung der vereinbarten Zinsrechnungskonvention und des zugrunde liegenden Nominals:

$$\left(i^{Ref}(t - \Delta t, t) + s\right) \cdot \frac{\text{Zinstage in Kuponperiode}}{\text{Zinstage pro Jahr}} \cdot \text{Nominal} \tag{2.12}$$

Bewertung von Floating Rate Notes (Modell mit einer Zinskurve) in einem Kupontermin

Zugrundeliegende Annahmen:

■ Auf dem Finanzmarkt sind Geldanlagen und -aufnahmen zum Referenzzinssatz (z.B. EURIBOR) für die entsprechende Laufzeit möglich. Diese Geldanlage- und Geldaufnahmemöglichkeiten unterliegen demselben Kreditrisiko wie die zu bewertende Floating Rate Note.

■ Die Zinsstrukturkurve für Anleihen mit dem Kreditrisiko der zu bewertenden Floating Rate Note sei mit den Zero-Zinssätzen $z(0, t)$ gegeben.

Fairer Dirty Price einer Floating Rate Note mit jährlichem Kupon $i^{Ref}(t - 1, t) + s$ in den Zeitpunkten t mit $1 \leq t \leq T$ und einer Laufzeit T

$$K_{FRN}(0) = \sum_{t=1}^{T} (FR(t - 1, t) + s) \cdot DF(0, t) + 100\% \cdot DF(0, T) \tag{2.13}$$

$$= \sum_{t=1}^{T} (FR(t - 1, t) + s) \cdot (1 + z(0, t))^{-t} + 100\% \cdot (1 + z(0, T))^{-T}$$

wobei $i^{Ref}(t - 1, t)$ die zukünftigen Realisierungen des zugrundeliegende Referenzzinssatzes mit einer Laufzeit von einem Jahr, s der vereinbarte Spread und $FR(t - 1, t)$ die aus der Zinsstruktur ermittelten Forward-Zinssätze sind.

Vereinfachte Bewertung einer Floating Rate Note im Kupontermin

$$K_{FRN}(0) = 100\% + \text{Barwert des Spreads} = 100\% + \sum_{t=1}^{T} s \cdot DF(0,t) \qquad (2.14)$$

Bewertung von Floating Rate Notes (Modell mit unterschiedlicher Diskont- und Forward-Kurve) in einem Kupontermin

Zugrundeliegende Annahmen:

- ■ Der Referenzzinssatz (z.B. EURIBOR) und der marktgerechte Zinssatz für Geldanlagen und -aufnahmen mit einem Kreditrisiko, das mit dem Kreditrisiko des zu bewertenden Floaters vergleichbar ist, können für die gleiche Laufzeit unterschiedlich hoch sein.

- ■ Die Zinsstrukturkurve für Anleihen mit dem Kreditrisiko der zu bewertenden Floating Rate Note sei mit den Zero-Zinssätzen $z(0,t)$ gegeben.

Fairer Dirty Price einer Floating Rate Note mit jährlichem Kupon $i^{Ref}(t-1,t) + s$ in den Zeitpunkten t mit $1 \leq t \leq T$ und einer Laufzeit T unter Berücksichtigung des mit dem Referenzzinssatzes verbundenen Kreditrisikos

$$K_{FRN}(0) \qquad (2.15)$$
$$= \sum_{t=1}^{T} (FR^{Ref}(t-1,t) + s) \cdot (1 + z(0,t))^{-t} + 100\% \cdot (1 + z(0,T))^{-T}$$
$$= \sum_{t=1}^{T} (FR^{Ref}(t-1,t) + s) \cdot DF(0,t) + 100\% \cdot DF(0,T)$$

wobei $i^{Ref}(t-1,t)$ die zukünftigen Realisierungen des zugrundeliegende Referenzzinssatzes mit einer Laufzeit von einem Jahr, s der vereinbarte Spread und $FR^{Ref}(t-1,t)$ die aus der Referenzzinskurve ermittelten Forward-Zinssätze sind.

3
Ermittlung von Zinsstrukturkurven

Bootstrapping

Annahme:

- Die zugrunde liegenden Anleihen verbriefen eine jährliche Kuponzahlung und befinden sich in einem Zinszahlungstermin.

Bootstrapping von Kuponanleihen

Kassa-/Zero-Zinssatz (Zero Rate) $z(0, t+1)$ für die Laufzeit von $t+1$ Jahren

$$z(0, t+1) = \sqrt[t+1]{\frac{(100\% + c)}{K^{LZ=t+1}(0) - \sum_{s=1}^{t} c \cdot (1 + z(0,s))^{-s}}} - 1 \qquad (3.1)$$

mit $K^{LZ=t+1}(0)$ fairer Kurs einer Kuponanleihe mit jährlichem Kupon c und Laufzeit $t+1$.

Bootstrapping von Floating Rate Notes im Fall unterschiedlicher Diskont- und Forward-Kurven

Zugrundeliegende Annahme:

- Der Referenzzinssatz (z.B. EURIBOR) und der marktgerechte Zinssatz für Geldanlagen und -aufnahmen mit einem Kreditrisiko, das mit dem Kreditrisiko des zu bewertenden Floaters vergleichbar ist, können für die gleiche Laufzeit unterschiedlich hoch sein.

© Springer Fachmedien Wiesbaden GmbH, ein Teil von Springer Nature 2021
S. Kruse, *Formelsammlung Aktien-, Zins- und Währungsderivate*,
https://doi.org/10.1007/978-3-658-28614-9_3

Terminzinssatz $z^{Fwd}(0,1) = FR^{Fwd}(0,1)$ **der Forward-Kurve**

$$z^{Fwd}(0,1) = -(100\% + s) + (1 + z(0,1)) \cdot K_{FRN}^{LZ=1}(0) \qquad (3.2)$$

Terminzinssatz $FR^{Fwd}(t-1,t)$ **der Forward-Kurve für die Laufzeit von 1 Jahr,** $t \geq 2$

$$FR^{Fwd}(t-1,t) \qquad (3.3)$$
$$= -(100\% + s) + (1 + z(0,t))^t \cdot \left(K_{FRN}^{LZ=t}(0) - \sum_{\tau=1}^{t-1} \frac{FR^{Fwd}(\tau-1,\tau) + s}{(1 + z(0,\tau))^\tau} \right)$$

wobei $z(0,t)$ Zero-Zinssatz der Diskontkurve und s der im Floater vereinbarte Spread auf den Referenzzinssatz.

Zusammenhang zwischen Kassazinssätzen und Forward-Zinssätzen der Forward-Kurve

$$z^{Fwd}(0,t) \qquad (3.4)$$
$$= \sqrt[t]{(1 + z^{Fwd}(0,1)) \cdot (1 + FR^{Fwd}(1,2)) \cdot \ldots \cdot (1 + FR^{Fwd}(t+1,t))} - 1$$

Interpolation von Zinssätzen

Zinsstrukturkurvenschätzung durch die Bundesbank (Darstellung der Zero-Zinssätze $z(0,t)$ in Abhängigkeit von ihrer Laufzeit t anhand von sechs Parametern β_0, β_1, β_2, β_3, τ_1, τ_2)

$$z(0,t) = \beta_0 + \beta_1 \cdot \left(\frac{1 - e^{-t/\tau_1}}{t/\tau_1} \right) + \beta_2 \cdot \left(\frac{1 - e^{-t/\tau_1}}{t/\tau_1} - e^{-t/\tau_1} \right)$$

$$+ \beta_3 \cdot \left(\frac{1 - e^{-t/\tau_2}}{t/\tau_2} - e^{-t/\tau_2} \right) \tag{3.5}$$

Lineare Interpolation von Zero-Zinssätzen für einen Zeitpunkt $t_1 < t < t_2$ zwischen zwei direkt aufeinanderfolgenden Zeitpunkten t_1 und t_2 mit bekannten Zero-Zinssätzen $z(0,t_1)$ und $z(0,t_2)$

$$z(0,t) = \frac{t_2 - t}{t_2 - t_1} \cdot z(0,t_1) + \frac{t - t_1}{t_2 - t_1} \cdot z(0,t_2) \tag{3.6}$$

4
Risikoanalyse zinstragender Finanzinstrumente

Annahme:

■ Die Anleihen verbriefen eine jährliche Kuponzahlung und befinden sich in einem Zinszahlungstermin.

Absolute Wertänderung $\Delta_{abs}K(0)$ des Anleihekurses

$$\Delta_{abs}K(0) = K^{szen}(0) - K^{akt}(0) \tag{4.1}$$

Relative Wertänderung $\Delta_{rel}K(0)$ des Anleihekurses

$$\Delta_{rel}K(0) = \frac{K^{szen}(0) - K^{akt}(0)}{K^{akt}(0)} \tag{4.2}$$

mit $K^{akt}(0)$ aktueller Kurs zur vorliegenden Zinsstruktur und $K^{szen}(0)$ neuer Kurs im angenommenen Zinsszenario.

© Springer Fachmedien Wiesbaden GmbH, ein Teil von Springer Nature 2021
S. Kruse, *Formelsammlung Aktien-, Zins- und Währungsderivate*,
https://doi.org/10.1007/978-3-658-28614-9_4

Sensitivitätsanalyse eines Zero Bonds

Key Rate Duration (KRD_t) **mit Laufzeit** t **bzgl. des Zero-Zinssatzes** $z(0,t)$

$$KRD_t = -\frac{1}{K_{ZB}(0)} \cdot \frac{dK_{ZB}(0)}{dz(0,t)} = +\frac{t \cdot 100\% \cdot (1+z(0,t))^{-(t+1)}}{K_{ZB}(0)} \qquad (4.3)$$

Schätzung der absoluten Wertänderung mittels Key Rate Duration

$$\Delta_{abs}K_{ZB}(0) = K_{ZB}^{szen}(0) - K_{ZB}^{akt}(0) \approx -KRD_t \cdot K_{ZB}(0) \cdot \Delta z(0,t) \qquad (4.4)$$

Schätzung der relativen Wertänderung mittels Key Rate Duration

$$\Delta_{rel}K_{ZB}(0) = \frac{K_{ZB}^{szen}(0) - K_{ZB}^{akt}(0)}{K_{ZB}^{akt}(0)} \approx -KRD_t \cdot \Delta z(0,t) \qquad (4.5)$$

Basis Point Values (BPV_t) **bzgl. des Zero-Zinssatzes** $z(0,t)$

$$BPV_t = KRD_t \cdot K_{ZB}(0) \cdot 0,0001 = t \cdot 100\% \cdot (1+z(0,t))^{-(t+1)} \cdot 0,0001 \qquad (4.6)$$

Schätzung der absoluten Wertänderung mittels Basis Point Values

$$\Delta_{abs}K_{ZB}(0) = -BPV_t \cdot \Delta bp_t \qquad (4.7)$$

wobei $K_{ZB}(0)$ der aktuelle Kurs des Zero Bonds.

Sensitivitätsanalyse einer Festkuponanleihe

Key Rate Durations einer Kuponanleihe mit jährlichem Kupon und Laufzeit T Jahre bzgl. des Zero-Zinssatzes $z(0,t)$, $t \leq T$

$$KRD_t = -\frac{1}{K(0)} \cdot \frac{dK(0)}{dz(0,t)} = +\frac{t \cdot CF_t \cdot (1 + z(0,t))^{-(t+1)}}{K(0)} \qquad (4.8)$$

Schätzung der absoluten Wertänderung mittels Key Rate Durations

$$\Delta_{abs}K(0) = K^{szen}(0) - K^{akt}(0) \approx -\sum\nolimits_{t=0}^{T} KRD_t \cdot K(0) \cdot \Delta z(0,t) \qquad (4.9)$$

Schätzung der relativen Wertänderung mittels Key Rate Duration

$$\Delta_{rel}K(0) = \frac{K^{szen}(0) - K^{akt}(0)}{K^{akt}(0)} \approx -\sum\nolimits_{t=0}^{T} KRD_t \cdot \Delta z(0,t) \qquad (4.10)$$

Basis Point Values einer Kuponanleihe mit jährlichem Kupon und Laufzeit T Jahre bzgl. des Zero-Zinssatzes $z(0,t)$, $t \leq T$

$$BPV_t = KRD_t \cdot K(0) \cdot 0,0001 = t \cdot CF_t \cdot (1 + z(0,t))^{-(t+1)} \cdot 0,0001 \qquad (4.11)$$

Schätzung der absoluten Wertänderung mittels Basis Point Values

$$\Delta_{abs}K(0) = K^{szen}(0) - K^{akt}(0) \approx -\sum\nolimits_{t=0}^{T} BPV_t \cdot \Delta bp_t \qquad (4.12)$$

wobei CF_t, $1 \leq t \leq T$ der Zahlungsstrom der Kuponanleihe, der sich aus der Kuponzahlung und dem Rückzahlungsbetrag ableitet, und $K(0)$ der aktuelle Kurs der Kuponanleihe sind.

Sensitivitätsanalyse einer Festkuponanleihe unter der Annahme einer flachen Zinsstruktur

Annahme:

- Es liegt eine flache Zinsstruktur mit Zinssatz y vor, so dass für alle Laufzeiten t gilt

$$z(0,t) = y \tag{4.13}$$

Modified Duration einer Kuponanleihe mit Laufzeit T Jahre bzgl. deren Yield to Maturity y

$$MD = -\frac{\sum_{t=0}^{T} t \cdot CF_t \cdot (1+y)^{-(t+1)}}{BW^{akt}} \tag{4.14}$$

Schätzung der absoluten Wertänderung mittels Modified Duration

$$\Delta_{abs} K(0) = K^{szen}(0) - K^{akt}(0) \approx -MD \cdot K(0) \cdot \Delta y \tag{4.15}$$

Schätzung der relativen Wertänderung mittels Modified Duration

$$\Delta_{rel} K(0) = \frac{K^{szen}(0) - K^{akt}(0)}{K^{akt}(0)} \approx -MD \cdot \Delta y \tag{4.16}$$

wobei CF_t, $1 \leq t \leq T$ der Zahlungsstrom der Kuponanleihe, der sich aus der Kuponzahlung und dem Rückzahlungsbetrag ableitet.

Sensitivitätsanalyse einer Floating Rate Note (Modell mit einer Zinskurve)

Key Rate Durations einer Floating Rate Note mit jährlichem Kupon und Laufzeit T Jahre bzgl. des Zero-Zinssatzes $z(0,t)$, $t \leq T$

$$KRD_t = -\frac{1}{K_{FRN}(0)} \cdot \frac{dK_{FRN}(0)}{dz(0,t)} = +\frac{t \cdot s \cdot (1 + z(0,t))^{-(t+1)}}{K_{FRN}(0)} \qquad (4.17)$$

Schätzung der absoluten Wertänderung mittels Key Rate Durations

$$\Delta_{abs} K_{FRN}(0) \approx -\sum_{t=0}^{T} KRD_t \cdot K_{FRN}(0) \cdot \Delta z(0,t) \qquad (4.18)$$

Schätzung der relativen Wertänderung mittels Key Rate Duration

$$\Delta_{rel} K_{FRN}(0) \approx -\sum_{t=0}^{T} KRD_t \cdot \Delta z(0,t) \qquad (4.19)$$

Basis Point Values einer Floating Rate Note mit jährlichem Kupon und Laufzeit T Jahre bzgl. des Zero-Zinssatzes $z(0,t)$, $t \leq T$

$$BPV_t = KRD_t \cdot K_{FRN}(0) \cdot 0,0001 = t \cdot s \cdot (1 + z(0,t))^{-(t+1)} \cdot 0,0001 \qquad (4.20)$$

Schätzung der absoluten Wertänderung mittels Basis Point Values

$$\Delta_{abs} K_{FRN}(0) \approx -\sum_{t=0}^{T} BPV_t \cdot \Delta bp_t \qquad (4.21)$$

wobei s der vereinbarte Spread und $K_{FRN}(0)$ der aktuelle Kurs der Floating Rate Note sind.

II
Forwards und Futures

5
Allgemeines zu Forward- und Future-Geschäften

Grundpositionen in Forwards und Futures

Wert eines Forwards mit vereinbartem Forward-Preis F **im Erfüllungszeitpunkt** T

- aus Sicht des Käufers

$$\text{Wert des Long Forward bei Fälligkeit} = U(T) - F \tag{5.1}$$

- aus Sicht des Verkäufers

$$\text{Wert des Short Forward bei Fälligkeit} = F - U(T) \tag{5.2}$$

wobei $U(T)$ der Wert des Underlyings im Erfüllungszeitpunkt T ist.

© Springer Fachmedien Wiesbaden GmbH, ein Teil von Springer Nature 2021
S. Kruse, *Formelsammlung Aktien-, Zins- und Währungsderivate*,
https://doi.org/10.1007/978-3-658-28614-9_5

Ermittlung des fairen Forward-Preises und Bewertung eines Forward- und Future-Geschäftes

Fairer Forward-Preis nach dem Cost of Carry-Ansatz

$$\text{Forward--Preis} = \text{Kassakurs} + \text{Cost of Carry} \tag{5.3}$$

mit

$$\text{Cost of Carry} = \text{Finanzierungskosten} - \text{Finanzierungserträge} \tag{5.4}$$

Basis eines Forward-Geschäftes

$$\text{Basis} = \text{Kassakurs} - \text{Forward--Preis} = -\text{Cost of Carry} \tag{5.5}$$

Fairer Wert eines Forwards mit vereinbartem Forward-Preis F und Erfüllungszeitpunkt T während der Laufzeit

- aus Sicht des Käufers

$$\text{Wert des Forwards (Käufer)} = (F_U(T) - F) \cdot DF(0, T) \tag{5.6}$$

- aus Sicht des Verkäufers

$$\text{Wert des Forwards (Verkäufer)} = (F - F_U(T)) \cdot DF(0, T) \tag{5.7}$$

wobei $F_U(T)$ der aktuelle, faire Forward-Preis des Underlyings mit Erfüllungszeitpunkt T ist.

6
Aktienforwards und -futures

Ermittlung des fairen Forward-Preises einer Aktie

Fairer Wert eines Aktienforwards auf die Aktie mit heutigem Kurs $S(0)$ mit vereinbartem Forward-Preis F **im Erfüllungszeitpunkt T**

- aus Sicht des Käufers

$$\text{Wert des Long Forward bei Fälligkeit} = S(T) - F \tag{6.1}$$

- aus Sicht des Verkäufers

$$\text{Wert des Short Forward bei Fälligkeit} = F - S(T) \tag{6.2}$$

wobei $S(T)$ der Wert der Aktie im Erfüllungszeitpunkt T ist.

Fairer Forward-Preis einer Aktie mit einer bekannten Dividendenzahlung Div zum Zeitpunkt t, $0 < t \le T$, während der Laufzeit des Forward-Kontraktes nach dem Cost of Carry-Ansatz

$$
\begin{aligned}
F_S(T) &= S(0) \cdot e^{r(0,T) \cdot T} - Div \cdot e^{FR_r(t,T) \cdot (T-t)} \\
&= S(0) + S(0) \cdot \left(\frac{1}{DF(0,T)} - 1 \right) - Div \cdot \frac{DF(0,t)}{DF(0,T)}
\end{aligned}
\tag{6.3}
$$

mit

$$\text{Finanzierungskosten} = S(0) \cdot (e^{r(0,T) \cdot T} - 1) \tag{6.4}$$

$$\text{Finanzierungserträge} = Div \cdot e^{FR_r(t,T) \cdot (T-t)} \tag{6.5}$$

$$\text{Cost of Carry} = S(0) \cdot (e^{r(0,T) \cdot T} - 1) - Div \cdot e^{FR_r(t,T) \cdot (T-t)} \tag{6.6}$$

© Springer Fachmedien Wiesbaden GmbH, ein Teil von Springer Nature 2021
S. Kruse, *Formelsammlung Aktien-, Zins- und Währungsderivate*,
https://doi.org/10.1007/978-3-658-28614-9_6

Fairer Forward-Preis einer Aktie mit n bekannten Dividendenzahlungen $Div(t)$ in den Zeitpunkten $t = 1, \cdots, T$ während der Laufzeit des Forward-Kontraktes

$$F_S(T) = S(0) + S(0) \cdot \left(\frac{1}{DF(0,T)} - 1 \right) - \sum_{t=1}^{T} Div(t) \cdot \frac{DF(0,t)}{DF(0,T)} \tag{6.7}$$

Fairer Forward-Preis eines Aktienindizes mit bekannter Dividendenrendite div

$$F_{S_I}(T) = S_I(0) \cdot e^{(r(0,T)-div) \cdot T} \tag{6.8}$$

Bewertung von Aktienforwards

Fairer Wert eines Aktienforwards auf die Aktie mit heutigem Kurs $S(0)$ mit vereinbartem Forward-Preis F und Erfüllungszeitpunkt T **während der Laufzeit**

- aus Sicht des Käufers

$$\text{Wert des Aktienforwards (Käufer)} = (F_S(T) - F) \cdot e^{-r(0,T) \cdot T} \tag{6.9}$$

- aus Sicht des Verkäufers

$$\text{Wert des Aktienforwards (Verkäufer)} = (F - F_S(T)) \cdot e^{-r(0,T) \cdot T} \tag{6.10}$$

wobei $F_S(T)$ der aktuelle, faire Forward-Preis der Aktie mit Erfüllungszeitpunkt T ist.

Risikoanalyse von Aktienforwards und -futures

Delta des Aktienforwards (im Falle bekannter Dividendenzahlungen)

- aus Sicht des Käufers

$$\Delta_{abs}\text{Forward (Käufer)} \approx \text{Delta des Long Forward} = 1 \tag{6.11}$$

- aus Sicht des Verkäufers

$$\Delta_{abs}\text{Forward (Verkäufer)} \approx \text{Delta des Short Forward} = -1 \tag{6.12}$$

Delta des Aktienforwards (im Falle einer bekannten, stetigen Dividendenrendite q)

- aus Sicht des Käufers

$$\Delta_{abs}\text{Forward-Wert} \approx \text{Delta des Long Forward} = e^{-q \cdot T} \tag{6.13}$$

- aus Sicht des Verkäufers

$$-\Delta_{abs}\text{Forward-Wert} \approx \text{Delta des Short Forward} = -e^{-q \cdot T} \tag{6.14}$$

7
Zinsforwards und -futures

Anleiheforwards

Wert eines Anleiheforwards auf die Anleihe mit heutigem Kurs $K(0)$ mit vereinbartem Forward-Preis F **im Erfüllungszeitpunkt T**

- aus Sicht des Käufers

$$\text{Wert des Long Forward bei Fälligkeit} = K(T) - F \qquad (7.1)$$

- aus Sicht des Verkäufers

$$\text{Wert des Short Forward bei Fälligkeit} = F - K(T) \qquad (7.1)$$

wobei $K(T)$ der Wert der Anleihe im Erfüllungszeitpunkt T ist.

Ermittlung des fairen Forward-Preises einer Anleihe

Fairer Forward-Preis einer Anleihe nach dem Cost of Carry-Ansatz

- unter Verwendung der Forward-Zinssätze

$$F_K(T) = K(0) \cdot (1 + z(0,T))^T - \sum_{t=1}^{T} c \cdot (1 + FR(t,T))^{T-t} \qquad (7.2)$$

mit

$$\text{Finanzierungskosten} = K(0) \cdot \left((1 + z(0,T))^T - 1\right) \qquad (7.3)$$

$$\text{Finanzierungserträge} = \sum_{t=1}^{T} c \cdot (1 + FR(t,T))^{T-t} \qquad (7.4)$$

$$\text{Cost of Carry} = \text{Finanzierungskosten} - \text{Finanzierungsertrge} \qquad (7.5)$$

© Springer Fachmedien Wiesbaden GmbH, ein Teil von Springer Nature 2021
S. Kruse, *Formelsammlung Aktien-, Zins- und Währungsderivate*,
https://doi.org/10.1007/978-3-658-28614-9_7

- mittels der Forward-Diskontfaktoren

$$F_K(T) = K(0) + K(0) \cdot \left(\frac{1}{DF(0,T)} - 1 \right) - \sum_{t=1}^{T} \frac{c}{DF(t,T)} \tag{7.6}$$

mit

$$\text{Finanzierungskosten} = K(0) \cdot \left((1 + z(0,T))^T - 1 \right) \tag{7.7}$$

$$\text{Finanzierungserträge} = \sum_{t=1}^{T} \frac{c}{DF(t,T)} \tag{7.8}$$

$$\text{Cost of Carry} = \text{Finanzierungskosten} - \text{Finanzierungsertrge} \tag{7.9}$$

- ohne vorherige Berechnung der Forward-Zinssätze bzw. Forward-Diskontfaktoren

$$F_K(T) = K(0) + K(0) \cdot \left((1 + z(0,T))^T - 1 \right) -$$

$$\sum_{t=1}^{T} c \cdot (1 + z(0,t))^{-t} \cdot (1 + z(0,T))^T \tag{7.10}$$

$$= K(0) + K(0) \cdot \left(\frac{1}{DF(0,T)} - 1 \right) - \sum_{t=1}^{T} c \cdot \frac{DF(0,t)}{DF(0,T)} \tag{7.11}$$

mit

$$\text{Finanzierungskosten} = K(0) \cdot \left((1 + z(0,T))^T - 1 \right) \tag{7.12}$$

$$\text{Finanzierungserträge} = -\sum_{t=1}^{T} c \cdot \frac{DF(0,t)}{DF(0,T)}$$

$$= \sum_{t=1}^{T} c \cdot (1 + z(0,t))^{-t} \cdot (1 + z(0,T))^T \tag{7.13}$$

$$\text{Cost of Carry} = \text{Finanzierungskosten} - \text{Finanzierungsertrge} \tag{7.14}$$

Alternative Berechnung des fairen Forward-Preises einer Anleihe mit der Transformation der Zahlungsströme

- unter Verwendung der Forward-Zinssätze

$$F_K(T) = \sum_{T < t \leq T_A} CF_t \cdot (1 + FR(T,t))^{-(t-T)} \tag{7.15}$$

- mittels der Forward-Diskontfaktoren

$$F_K(T) = \sum_{T < t \leq T_A} CF_t \cdot DF(T,t) \tag{7.16}$$

- ohne vorherige Berechnung der Forward-Zinssätze bzw. Forward-Diskontfaktoren

$$F_K(T) = \sum_{T < t \leq T_A} CF_t \cdot \frac{DF(0,t)}{DF(0,T)}$$

$$= \sum_{T < t \leq T_A} CF_t \cdot (1 + z(0,t))^{-t} \cdot (1 + z(0,T))^T \qquad (7.17)$$

Bewertung von Anleiheforwards

Fairer Wert des Anleiheforwards auf die Anleihe mit heutigem Kurs $K(0)$ mit vereinbartem Forward-Preis F und Erfüllungszeitpunkt T **während der Laufzeit**

- aus Sicht des Käufers

  $$\text{Preis des Forwards (Käufer)} = (F_K(T) - F) \cdot (1 + z(0,T))^{-T} \qquad (7.18)$$

- aus Sicht des Verkäufers

  $$\text{Preis des Forwards (Verkäufer)} = (F - F_K(T)) \cdot (1 + z(0,T))^{-T} \qquad (7.19)$$

wobei $F_K(T)$ der aktuelle, faire Forward-Preis der Anleihe mit Erfüllungszeitpunkt T ist.

Forwards auf Geldmarktgeschäfte

Ausgleichszahlung eines Forward Rate Agreements

Ausgleichszahlung eines Forward Rate Agreements (FRA) auf den Nominalbetrag N auf eine Zinsperiode der Länge Δt mit vereinbartem FRA-Satz $FRA(t, t + \Delta t)$

- aus Sicht des Käufers

$$\text{Ausgleichsbetrag (Käufer)} = \frac{(\text{Referenzzins} - FRA(t, t + \Delta t)) \cdot \Delta t}{1 + \text{Referenzzins} \cdot \Delta t} \cdot N \quad (7.20)$$

- aus Sicht des Verkäufers

$$\text{Ausgleichsbetrag (Verkäufer)} = \frac{(FRA(t, t + \Delta t) - \text{Referenzzins}) \cdot \Delta t}{1 + \text{Referenzzins} \cdot \Delta t} \cdot N \quad (7.21)$$

Fairer FRA-Satz

$$FRA(t, t + \Delta t) = FR(t, t + \Delta t) \quad (7.22)$$

wobei $FR(t, t + \Delta t)$ der aktuelle, faire Terminzinssatz für die Zinsperiode von t bis $t + \Delta t$.

Bewertung von Forward Rate Agreements

Fairer Wert des Forward Rate Agreements mit Nominalbetrag N und dem vereinbarten FRA-Satz $FRA(t, t + \Delta t)$ auf eine Zinsperiode der Länge Δ **während der Laufzeit**

- aus Sicht des Käufers

Preis des FRA (Käufer)
$$= (FR(t, t + \Delta t) - FRA(t, t + \Delta t)) \cdot \Delta t \cdot DF(0, t + \Delta t) \cdot N \quad (7.23)$$

- aus Sicht des Verkäufers

Preis des FRA (Verkäufer)
$$= (FRA(t, t + \Delta t) - FR(t, t + \Delta t)) \cdot \Delta t \cdot DF(0, t + \Delta t) \cdot N \quad (7.24)$$

Berechnung des impliziten, linearen Terminzinses $FR^{lin}(t,T) \cdot (T-t)$ aus den Kassazinssätzen

$$FR^{lin}(t,T) = \left(\frac{(1+z(0,T))^T}{(1+z(0,t))^t} - 1 \right) \cdot \frac{1}{T-t} \tag{7.25}$$

8
Devisenforwards und -futures

Ermittlung der fairen Devisenterminkurse

Fairer Devisenterminkurs $F_X(t)$ mit Erfüllungszeitpunkt t **für preisnotierte Wechselkurse**

$$F_X(t) = X(0) \cdot \frac{DF^A(0,t)}{DF^I(0,t)} = X(0) \cdot \frac{1 + i^I(0,t) \cdot t}{1 + i^A(0,t) \cdot t} \tag{8.1}$$

mit Swap-Satz

$$\text{Swap-Satz} = \text{Forward Rate} - \text{Spot Rate}$$

$$= F_X(t) - X(0) = X(0) \cdot \frac{(i^I(0,t) - i^A(0,t)) \cdot t}{1 + i^A(0,t) \cdot t} \tag{8.2}$$

mit $X(0)$ heutiger Wechselkurs, $DF^A(0,t)$ Diskontfaktor der Laufzeit t in der Auslandswährung, $DF^I(0,t)$ Diskontfaktor der Laufzeit t in der Inlandswährung.

Fairer Devisenterminkurs $F_X^M(t)$ mit Erfüllungszeitpunkt t **für mengennotierte Wechselkurse** X^M

$$F_X^M(t) = X^M(0) \cdot \frac{DF^I(0,t)}{DF^A(0,t)} \tag{8.3}$$

Wert des Devisenforwards auf den Wechselkurs mit heutigem Kurs X(0) mit vereinbartem Forward-Kurs F **im Erfüllungszeitpunkt** T

- aus Sicht des Käufers

$$\text{Wert des Long Forward bei Fälligkeit} = (X(T) - F) \cdot N \tag{8.4}$$

- aus Sicht des Verkäufers

© Springer Fachmedien Wiesbaden GmbH, ein Teil von Springer Nature 2021
S. Kruse, *Formelsammlung Aktien-, Zins- und Währungsderivate*,
https://doi.org/10.1007/978-3-658-28614-9_8

Wert des Short Forward bei Fälligkeit $= (F - X(T)) \cdot N$ \hfill (8.5)

wobei $X(T)$ der Wechselkurs im Erfüllungszeitpunkt T ist.

Bewertung von Devisenforwards

Fairer Wert des Devisenforwards auf den Wechselkurs mit heutigem Kurs $X(0)$ mit vereinbartem Forward-Kurs F und Erfüllungszeitpunkt T **während der Laufzeit**

- aus Sicht des Käufers

$$\text{Preis des Devisenforwards (Käufer)} = (F_X(T) - F) \cdot N \cdot DF^I(0, T) \qquad (8.6)$$

- aus Sicht des Verkäufers

$$\text{Preis des Devisenforwards (Verkäufer)} = (F - F_X(T)) \cdot N \cdot DF^I(0, T) \qquad (8.7)$$

wobei $F_X(T)$ der faire Devisenterminkurs mit Erfüllungszeitpunkt T ist.

Risikoanalyse von Devisenforwards

Delta eines Devisenforwards (normiert auf eine Änderung um einen Tick)

- aus Sicht des Käufers

$$\Delta_F = DF^A(0, T) \cdot N \cdot 0,0001 \tag{8.8}$$

- aus Sicht des Verkäufers

$$-\Delta_F = -DF^A(0, T) \cdot N \cdot 0,0001 \tag{8.9}$$

III
Swaps

9
Allgemeines zu Swapgeschäften

Bewertung eines Swapgeschäftes

Fairer Wert eines Swaps mit vereinbartem Tausch von Zahlungsströmen **während der Laufzeit** und **bei Abschluss**

Wert des Swaps = Barwert des zu erhaltenden Zahlungsstroms

$$- \text{ Barwert des zu leistenden Zahlungsstroms} \tag{9.1}$$

© Springer Fachmedien Wiesbaden GmbH, ein Teil von Springer Nature 2021
S. Kruse, *Formelsammlung Aktien-, Zins- und Währungsderivate*,
https://doi.org/10.1007/978-3-658-28614-9_9

10
Equity Swaps

Bewertung von Equity Swaps

Fairer Wert eines Equity for Floating Swaps zum Zeitpunkt t^* zwischen zwei Zahlungsterminen $t - \Delta t$ und t mit $t - \Delta t \leq t^* < t$

- aus Sicht des Equity Receivers

$$ES^{Receiver}(t^*) = N \cdot \left(\frac{I(t^*)}{I(t - \Delta t)} - \frac{1 + z(t - \Delta t, t) \cdot \Delta t}{1 + z(t^*, t) \cdot (t - t^*)} \right) \tag{10.1}$$

- aus Sicht des Equity Payers

$$ES^{Payer}(t^*) = N \cdot \left(\frac{1 + z(t - \Delta t, t) \cdot \Delta t}{1 + z(t^*, t) \cdot (t - t^*)} - \frac{I(t^*)}{I(t - \Delta t)} \right) \tag{10.2}$$

mit $I(\cdot)$ der Stand des Aktienindizes im den jeweiligen Zeitpunkten und N das zugrunde liegende Nominal. An einem Zahlungstermin hat ein Equity for Floating Swap einen Wert von Null.

© Springer Fachmedien Wiesbaden GmbH, ein Teil von Springer Nature 2021
S. Kruse, *Formelsammlung Aktien-, Zins- und Währungsderivate*,
https://doi.org/10.1007/978-3-658-28614-9_10

Risikoanalyse von Equity Swaps

Delta des Equity Swaps (gilt für Equity for Floating Swaps ebenso wie für Equity for Fixed Swaps)

- aus Sicht des Equity Receivers

$$\text{Delta des Equity Swaps (Equity Receiver)} = N \cdot \frac{1}{I(t - \Delta t)} \tag{10.3}$$

- aus Sicht des Equity Payers

$$\text{Delta des Equity Swaps (Equity Payer)} = -N \cdot \frac{1}{I(t - \Delta t)} \tag{10.4}$$

11
Zinsswaps

Kuponswaps

Bewertung von Kuponswaps

Fairer Wert eines Kuponswaps mit Laufzeit T auf ein Nominal N

- aus Sicht des Payers (Festzinszahlers)

$$IRS^{Payer}(0) = K_{FRN}(0) \cdot N - K(0) \cdot N \tag{11.1}$$

- aus Sicht des Receivers (Festzinsempfängers)

$$IRS^{Receiver}(0) = K(0) \cdot N - K_{FRN}(0) \cdot N \tag{11.2}$$

wobei $K(0)$ der faire Kurs einer Kuponanleihe ist, deren Laufzeit und Kupon der Laufzeit des Swaps und dem im Swap vereinbartem Festzins entspricht, während $K_{FRN}(0)$ der faire Kurs einer Floating Rate Note ist, deren Laufzeit und Kupon der Laufzeit des Swaps und der im Swap variablen Zinszahlung (Referenzzins plus Spread) entspricht.

Risikoanalyse von Kuponswaps

Schätzung der absoluten Wertänderung eines Kuponswaps mittels Key Rate Duration und Basis Point Values

- aus Sicht des Payers

$$\Delta_{abs}IRS^{Payer}(0) = \Delta_{abs}BW^{K_{FRN}(0)} - \Delta_{abs}BW^{K(0)} \tag{11.3}$$

© Springer Fachmedien Wiesbaden GmbH, ein Teil von Springer Nature 2021
S. Kruse, *Formelsammlung Aktien-, Zins- und Währungsderivate*,
https://doi.org/10.1007/978-3-658-28614-9_11

- aus Sicht des Receivers

$$\Delta_{abs} IRS^{Receiver}(0) = \Delta_{abs} BW^{K(0)} - \Delta_{abs} BW^{K_{FRN}(0)} \tag{11.4}$$

mit $BW^{K(0)} = K(0) \cdot N$ und $BW^{K_{FRN}(0)} = K_{FRN}(0) \cdot N$.[2]

---

[2] Zur Berechnung der absoluten Wertänderung mittels Basis Point Values und Key Rate Durations vgl. Abschnitt 4. Hierbei ist zu beachten, dass die absolute Wertänderung einer Floating Rate Note unter den hier vorliegenden Annahmen nur vom vereinbarten Spread abhängt.

Forward Swaps

Bewertung von Forward Swaps mittels der Forward Swap Rate

Ermittlung der fairen Forward Swap Rate $FSR(t,T)$ eines zum Zeitpunkt t beginnenden und im Zeitpunkt T fälligen „t+T-t"-Forward Swaps ohne Zinsaufschlag auf der variablen Seite

$$FSR(t,T) = \frac{1 - DF(t,T)}{\sum_{i=t+1}^{T} DF(t,i)} \tag{11.5}$$

Fairer Wert eines Forward Payer Swaps mit Erfüllungszeitpunkt t und Laufzeit $T - t$ auf einen Nominalbetrag N und vereinbarter Swaprate k

- aus Sicht des Payers (Festzinszahlers)

$$FPS(0) = \left(\sum_{s=t}^{T} (FSR(t,T) - k) \cdot DF(0,s)\right) \cdot N \tag{11.6}$$

- aus Sicht des Receivers (Festzinsempfängers)

$$FRS(0) = \left(\sum_{s=t}^{T} (k - FSR(t,T)) \cdot DF(0,s)\right) \cdot N \tag{11.7}$$

wobei $FSR(t,T)$ die heutige Forward Swap Rate für die Periode von t bis T.

Bewertung von Forward Swaps mittels Kuponswaps

Fairer Wert eines Forward Swaps mit Erfüllungszeitpunkt t und Laufzeit $T - t$ auf ein Nominal N

- aus Sicht des Payers (Festzinszahlers)

$$FPS(0) = IRS^{Payer, LZ=T}(0) - IRS^{Receiver, LZ=t}(0) \tag{11.8}$$

- aus Sicht des Receivers (Festzinsempfängers)

$$FRS(0) = IRS^{Receiver, LZ=T}(0) - IRS^{Payer, LZ=t}(0) \tag{11.9}$$

wobei $IRS^{Payer, LZ=T}(0)$ ein Payer-Swap mit Laufzeit T, $IRS^{Receiver, LZ=t}(0)$ ein Receiver Swap mit Laufzeit t, $IRS^{Receiver, LZ=T}(0)$ ein Receiver Swap mit Laufzeit T und $IRS^{Payer, LZ=t}(0)$ ein Payer Swap mit Laufzeit t, deren sonstige Konditionen hinsichtlich Spread, vereinbartem Festzins und zugrunde liegendem Nominal denen des Forward Swaps entsprechen.

12
Währungsswaps

Bewertung von Währungsswaps

Fairer Wert eines Cross Currency Swaps

- aus Sicht des Fremdwährungsempfängers (in Inlandswährung)

$$CCS^{FX-Receiver}(0) = K^A(0) \cdot N_A \cdot X(0) - K^I(0) \cdot N_I \tag{12.1}$$

- aus Sicht des Fremdwährungszahlers (in Inlandswährung)

$$CCS^{FX-Payer}(0) = K^I(0) \cdot N_I - K^A(0) \cdot N_A \cdot X(0) \cdot N \tag{12.2}$$

wobei $X(0)$ der faire Wechselkurs, N_I das zugrundeliegende Nominal in Inlandswährung und N_A das zugrundeliegende Nominal in Auslandswährung mit $N_A \cdot X(0) = N_I$ sind. Zudem ist $K^A(0)$ der faire Kurs einer Auslandsanleihe, deren Laufzeit und Kupon der Laufzeit des Währungsswaps und dem im Swap vereinbartem Festzins im Auslandszins entspricht, während $K^I(0)$ der faire Kurs einer Inlandsanleihe, deren Laufzeit und Kupon der Laufzeit des Währungsswaps und dem im Swap vereinbartem Festzins im Inlandszins entspricht, ist.

© Springer Fachmedien Wiesbaden GmbH, ein Teil von Springer Nature 2021
S. Kruse, *Formelsammlung Aktien-, Zins- und Währungsderivate*,
https://doi.org/10.1007/978-3-658-28614-9_12

Risikoanalyse von Währungsswaps

Devisendelta des Währungsswaps (in Inlandswährung, normiert auf eine Änderung um einen Tick, entsprechend 0,0001 des Wechselkurses in Preisnotierung)

- aus Sicht des Fremdwährungsempfängers

$$\Delta_{abs}CCS^{FX-Receiver}(0) = K^A(0) \cdot N_A \cdot 0,0001 \tag{12.3}$$

- aus Sicht des Fremdwährungszahlers

$$\Delta_{abs}CCS^{FX-Payer}(0) = -K^A(0) \cdot N_A \cdot 0,0001. \tag{12.4}$$

IV
Optionen

13
Allgemeines zu Optionsgeschäften

Grundpositionen in Optionen

Auszahlungsprofil einer Option mit Basispreis K auf ein Underlying U mit Wert $U(T)$ im Zeitpunkt T der Ausübung aus Sicht des Inhabers der Option

- Call-Option

$$C(T) = \max(U(T) - K; 0) \tag{13.1}$$

- Put-Option

$$P(T) = \max(K - U(T); 0) \tag{13.2}$$

Break-Even-Kurs einer Option

- Call-Option

$$\text{Break-Even-Kurs (Call)} = \text{Basispreis} + \text{Optionsprämie} \tag{13.3}$$

- Put-Option

$$\text{Break-Even-Kurs (Put)} = \text{Basispreis} - \text{Optionsprämie} \tag{13.4}$$

© Springer Fachmedien Wiesbaden GmbH, ein Teil von Springer Nature 2021
S. Kruse, *Formelsammlung Aktien-, Zins- und Währungsderivate*,
https://doi.org/10.1007/978-3-658-28614-9_13

Generelle Analyse von Optionen

Preiskanal einer europäischen Option mit Basispreis K auf ein Underlying U mit heutigem Wert $U(0)$

- Preiskanal für eine europäische Call-Option C^e

$$0 \leq C^e(0) \leq U(0) \tag{13.5}$$

- Preiskanal für eine europäische Put-Option P^e

$$0 \leq P^e(0) \leq K \cdot DF(0, T) \tag{13.6}$$

Verfeinerter **Preiskanal einer europäischen** Option mit Basispreis K auf ein Underlying U mit heutigem Wert $U(0)$

- Call-Option C^e

$$\max(0, F_U(T) - K) \cdot DF(0, T) \leq C^e(0) \leq F_U(T) \cdot DF(0, T) \tag{13.7}$$

- Put-Option P^e

$$\max(0, K - F_U(T)) \cdot DF(0, T) \leq P^e(0) \leq K \cdot DF(0, T) \tag{13.8}$$

wobei $F_U(T)$ der Forward-Preis des Underlyings mit Erfüllungszeitpunkt T, $C^e(0)$ der faire Preis einer europäischen Kaufoption und $P^e(0)$ der faire Preis einer europäischen Verkaufsoption sind.

Zerlegung des Optionspreises in den **Inneren Wert** und den **Zeitwert der Option**:

$$\text{Wert der Option} = \text{Innerer Wert} + \text{Zeitwert} \tag{13.9}$$

Innerer Wert einer Option

- Call-Option

$$C_{IW}(0) = \max(U(0) - K; 0) \tag{13.10}$$

- Put-Option

$$P_{IW}(0) = \max(K - U(0); 0) \tag{13.11}$$

Hebel einer Option

$$\text{Hebel} = \frac{\text{Basiswert}}{\text{Optionspreis} \cdot \text{Bezugsverhältnis}} \tag{13.12}$$

Grundlagen der Bewertung und Risikoanalyse von Optionen

Put-Call-Parität für europäische Optionen

Put-Call-Parität für europäische Optionen mit Basispreis K und Fälligkeit in T auf ein Underlying U

$$C^e(0) = P^e(0) + (F_U(T) - K) \cdot DF(0, T) \tag{13.13}$$

wobei $F_U(T)$ der Forward-Preis des Underlyings mit Erfüllungszeitpunkt T, $C^e(0)$ der Preis einer europäischen Kaufoption und $P^e(0)$ der Preis einer europäischen Verkaufsoption sind.

Sensitivitätsanalyse von Optionen

Schätzung der absoluten Wertänderung einer Option mittels der Griechen

$$\text{Änderung des Optionspreises} \approx \text{Grieche} \cdot \text{Änderung des Einflussfaktors} \tag{13.14}$$

Omega Ω (effektiver Hebel)

$$\text{Omega } \Omega = \text{Hebel} \cdot \text{Delta der Option} \tag{13.15}$$

14
Aktienoptionen

Allgemeine Bewertungsrelationen für Aktienoptionen

Auszahlungsprofil einer Option auf eine Aktie S mit Wert $S(T)$ im Ausübungs-
oder Fälligkeitszeitpunkt T und einem vereinbarten Basispreis K

■ Call-Option

$$C(T) = \max(S(T) - K; 0) \tag{14.1}$$

■ Put-Option

$$P(T) = \max(K - S(T); 0) \tag{14.2}$$

Put-Call-Parität für europäische Aktienoptionen mit Basispreis K und Fälligkeit in T

$$C^e(0) = P^e(0) + (F_S(T) - K) \cdot DF(0, T) \tag{14.3}$$

mit $DF(0, T)$ Diskontfaktor, $F_S(T)$ der Forward-Preis der Aktie mit Erfüllungszeitpunkt T.[3] Ferner bezeichnen $C^e(0)$ den Preis einer europäischen Kaufoption und
$P^e(0)$ den Preis einer europäischen Verkaufsoption.

Risikoneutrale Optionsbewertung im Binomialmodell von Cox, Ross und Rubinstein

Das einstufige Binomialmodell ohne Dividenden

Annahme:

---

[3] Vgl. hierzu auch Abschnitt 6.

© Springer Fachmedien Wiesbaden GmbH, ein Teil von Springer Nature 2021
S. Kruse, *Formelsammlung Aktien-, Zins- und Währungsderivate*,
https://doi.org/10.1007/978-3-658-28614-9_14

■ Es liegt eine deterministische, risikolose und flache Zinsstruktur vor, so dass für alle t mit $0 \leq t \leq T$ gilt $DF(0,t) = e^{-r \cdot t} = (1+z)^{-t}$. Die Aktie wird nur am Ende der Optionsfrist T gehandelt und folgt einer Aktienkursbewegung mit zwei Zuständen mit Aufwärtsrendite u und Abwärtsrendite d wie in Abbildung 14.1 dargestellt.

Abbildung 14.1 Aktienkursbewegung für eine Periode im Binomialmodell

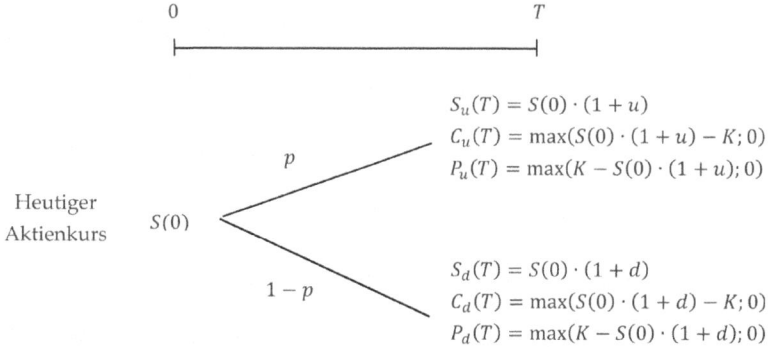

No-Arbitrage-Bedingung im einstufigen Binomialmodell[4]

$$u > \frac{1}{DF(0,T)} - 1 > d \tag{14.4}$$

Fairer Preis einer europäischen Call-Option mittels der Handelsstrategie
in δ_0^C Aktien und einer Mittelaufnahme bzw. -anlage in der Höhe von c^C

$$C^e(0) = \delta_0^C \cdot S(0) + c^C \cdot DF(0,T) \tag{14.5}$$

mit

$$\delta_0^C = \frac{C_u(T) - C_d(T)}{S_u(T) - S_d(T)} \tag{14.6}$$

und

$$c^C = (C_u(T) - S_u(T) \cdot \delta_0^C) \cdot DF(0,T) = (C_d(T) - S_d(T) \cdot \delta_0^C) \cdot DF(0,T) \tag{14.7}$$

---

[4] Die No-Arbitrage-Bedingung ist gleichbedeutend mit der Forderung, dass die Wahrscheinlichkeit p zwischen 0 und 1 liegt.

**Fairer Preis einer europäischen Put-Option mittels der Handelsstrategie
in δ_0^P Aktien und einer Mittelaufnahme bzw. -anlage in der Höhe von c^P**

$$C^e(0) = \delta_0^P \cdot S(0) + c^P \cdot DF(0,T) \tag{14.8}$$

mit

$$\delta_0^P = \delta_0^C - 1 = \frac{P_u(T) - P_d(T)}{S_u(T) - S_d(T)} \tag{14.9}$$

und

$$c^P = (P_u(T) - S_u(T) \cdot \delta_0^P) \cdot DF(0,T) = (P_d(T) - S_d(T) \cdot \delta_0^P) \cdot DF(0,T) \tag{14.10}$$

**Fairer Preis einer europäischen Call-Option mittels der risikoneutralen
Wahrscheinlichkeiten p und $1 - p$**

$$C^e(0) = DF(0,T) \cdot (p \cdot C_u(T) + (1 - p) \cdot C_d(T)) \tag{14.11}$$

**Fairer Preis einer europäischen Put-Option mittels der risikoneutralen
Wahrscheinlichkeiten p und $1 - p$**

$$P^e(0) = DF(0,T) \cdot (p \cdot P_u(T) + (1 - p) \cdot P_d(T)) \tag{14.12}$$

mit

$$p = \frac{\frac{S(0)}{DF(0,T)} - S_d(T)}{S_u(T) - S_d(T)} = \frac{F_S(T) - S_d(T)}{S_u(T) - S_d(T)} = \frac{\frac{1}{DF(0,T)} - (1 + \mathrm{d})}{\mathrm{u} - \mathrm{d}} \tag{14.13}$$

Hierbei ist $F_S(T)$ der faire Forward-Preis der Aktie mit Erfüllungszeitpunkt T:[5]

$$F_S(T) = \frac{S(0)}{DF(0,T)} \tag{14.14}$$

Das einstufige Binomialmodell mit konstanter Dividendenzahlung

Zusätzliche Annahme:

■ Die Aktie zahlt zum Zeitpunkt T eine konstante Dividende Div.

Fairer Preis einer europäischen Call-Option mittels der Handelsstrategie

$$C^e(0) = \delta_0 \cdot S(0) + (c - \delta_0 \cdot Div) \cdot DF(0, T) \tag{14.15}$$

No-Arbitrage-Bedingung im einstufigen Binomialmodell mit Dividende

$$u > \frac{1}{DF(0, T)} - \frac{Div}{S(0)} - 1 > d \tag{14.16}$$

mit

$$\delta_0^C = \frac{C_u(T) - C_d(T)}{S_u(T) - S_d(T)} \tag{14.17}$$

Fairer Preis einer europäischen Call-Option mittels der risikoneutralen Wahrscheinlichkeiten p und $1 - p$

$$C^e(0) = DF(0, T) \cdot (p \cdot C_u(T) + (1 - p) \cdot C_d(T)) \tag{14.18}$$

Fairer Preis einer europäischen Put-Option mittels der risikoneutralen Wahrscheinlichkeiten p und $1 - p$

$$P^e(0) = DF(0, T) \cdot (p \cdot P_u(T) + (1 - p) \cdot P_d(T)) \tag{14.19}$$

mit

$$p = \frac{\frac{S(0)}{DF(0,T)} - Div - S_d(T)}{S_u(T) - S_d(T)} = \frac{F_S(T) - S_d(T)}{S_u(T) - S_d(T)} \tag{14.20}$$

Hierbei ist $F_S(T)$ der Forward-Preis der Aktie mit Erfüllungszeitpunkt T:[6]

$$F_S(T) = \frac{S(0)}{DF(0, T)} - Div \tag{14.21}$$

---

[6] Vgl. Abschnitt 6.

Das einstufige Binomialmodell mit Dividendenrendite

Zusätzliche Annahme:

- Die Aktie erwirtschaftet eine zum Aktienkurs proportionale Dividendenrendite *div*.

No-Arbitrage-Bedingung im einstufigen Binomialmodell mit Dividendenrendite

$$u > \frac{1}{\text{DF}(0, \text{T})} - div - 1 > d \tag{14.22}$$

Fairer Preis einer europäischen Call-Option mittels der risikoneutralen Wahrscheinlichkeiten p und $1 - p$

$$C^e(0) = DF(0, T) \cdot (p \cdot C_u(T) + (1 - p) \cdot C_d(T)) \tag{14.23}$$

Fairer Preis einer europäischen Put-Option mittels der risikoneutralen Wahrscheinlichkeiten p und $1 - p$

$$P^e(0) = DF(0, T) \cdot (p \cdot P_u(T) + (1 - p) \cdot P_d(T)) \tag{14.24}$$

mit

$$p = \frac{(1 + z)^T - div - (1 + d)}{u - d} = \frac{F_S(T) - S_d(T)}{S_u(T) - S_d(T)} \tag{14.25}$$

Hierbei ist $F_S(T)$ der Forward-Preis der Aktie mit Erfüllungszeitpunkt T:

$$F_S(T) = \frac{S(0)}{DF(0, T)} - div \cdot S(0) = S(0) \cdot ((1 + z)^T - div) \tag{14.26}$$

Das zweistufige Binomialmodell ohne Dividenden

Annahme:

■ Es liegt eine deterministische, risikolose und flache Zinsstruktur vor, so dass für alle t mit $0 \leq t \leq T$ gilt $DF(0,t) = e^{-r \cdot t} = (1+z)^{-t}$. Die Aktie wird an 2 verschiedenen, äquidistanten Handelszeitpunkten während der Optionsfrist T gehandelt und folgt der einer Aktienkursbewegung mit zwei Zuständen mit Aufwärtsrendite u und Abwärtsrendite d wie in Abbildung 14.2 dargestellt.

Abbildung 14.2 Aktienkursbewegung für zwei Perioden im Binomialmodell

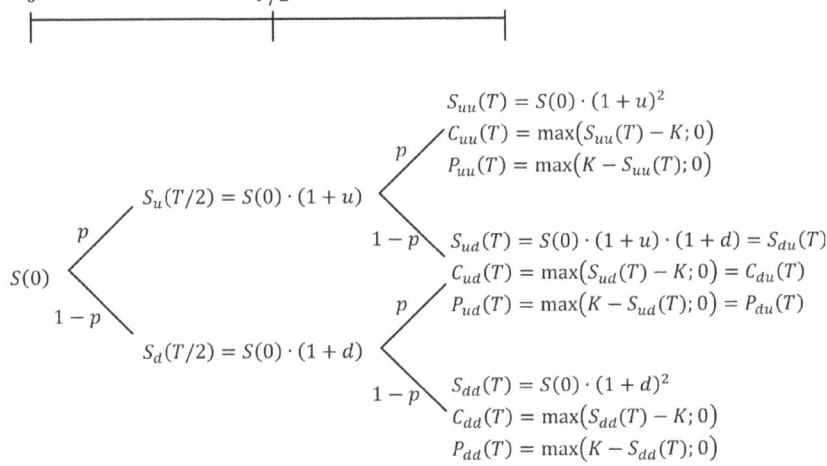

No-Arbitrage-Bedingung im zweistufigen Binomialmodell ohne Dividende

$$u > \frac{1}{DF(0, T/2)} - 1 > d \tag{14.27}$$

Fairer Preis einer europäischen Call-Option mittels der risikoneutralen Wahrscheinlichkeiten

$$C^e(0) = DF(0,T) \cdot \left(C_{uu}(T) \cdot p^2 + 2 \cdot C_{ud}(T) \cdot p \cdot (1-p) + C_{dd}(T) \cdot (1-p)^2\right) \tag{14.28}$$

Fairer Preis einer europäischen Put-Option mittels der risikoneutralen Wahrscheinlichkeiten

$$P^e(0) = DF(0,T) \cdot \left(P_{uu}(T) \cdot p^2 + 2 \cdot P_{ud}(T) \cdot p \cdot (1-p) + P_{dd}(T) \cdot (1-p)^2\right) \tag{14.29}$$

mit p risikoneutrale Wahrscheinlichkeit

$$p = \frac{\frac{S(0)}{DF(0,T/2)} - S_d(T)}{S_u(T) - S_d(T)} = \frac{F_S(T/2) - S_d(T/2)}{S_u(T/2) - S_d(T/2)} = \frac{\frac{1}{DF(0,T/2)} - (1+\mathrm{d})}{\mathrm{u} - \mathrm{d}} \qquad (14.30)$$

Hierbei ist $F_S(T/2)$ der Forward-Preis der Aktie mit Erfüllungszeitpunkt $T/2$:

$$F_S(T/2) = \frac{S(0)}{DF(0,T/2)} \qquad (14.31)$$

Fairer Preis einer amerikanischen Call-Option ergibt sich ausgehend von den Optionspreisen zur Zeit $T/2$ zu

$$C^a(0) = \max(S(0) - K; DF(0,T/2) \cdot (p \cdot C_u(T/2) + (1-p) \cdot C_d(T/2)) \qquad (14.32)$$

mit

$$C_u(T/2) = \max\left(S_u(T/2) - K; DF(T/2,T) \cdot \underbrace{(p \cdot C_{uu}(T) + (1-p) \cdot C_{ud}(T))}_{=C_u^e(T/2)}\right)$$
$$(14.33)$$

sowie

$$C_d(T/2) = \max\left(S_d(T/2) - K; DF(T/2,T) \cdot \underbrace{(p \cdot C_{ud}(T) + (1-p) \cdot C_{dd}(T))}_{=C_d^e(T/2)}\right)$$
$$(14.34)$$

wobei $C_u(T/2)$ der Preis der europäischen Call-Option im Zustand $S_u(T/2)$ und $C_d(T/2)$ der Preis europäischen Call-Option im Zustand $S_d(T/2)$, beide europäische Optionen mit Basispreis K und Fälligkeit in T, und

$$p = \frac{\frac{1}{DF(0,T/2)} - (1+\mathrm{d})}{\mathrm{u} - \mathrm{d}} \qquad (14.35)$$

Das zweistufige Binomialmodell mit konstanten Dividendenzahlungen

Zusätzliche Annahme:

■ Die Aktie zahlt zu den Zeitpunkten $T/2$ beziehungsweise T konstante Dividenden $Div(T/2)$ bzw. $Div(T)$.

No-Arbitrage-Bedingung im zweistufigen Binomialmodell mit Dividende

$$u > \frac{1}{DF(0,T)} - \frac{Div(T/2)}{S(0)} - \frac{Div(T)}{S(0)} - 1 > d \tag{14.36}$$

Fairer Preis einer europäischen Call-Option mittels der risikoneutralen Wahrscheinlichkeiten p und $1-p$

$$\begin{aligned}
C^e(0) = DF(0,T) \cdot \big(& p \cdot p_u(T/2) \cdot C_{uu}(T) \\
& + (p \cdot (1 - p_u(T/2)) + (1-p) \cdot p_d(T/2)) \cdot C_{ud} \\
& + (1-p) \cdot (1 - p_d(T/2)) C_{dd}(T) \big)
\end{aligned} \tag{14.37}$$

Fairer Preis einer europäischen Put-Option mittels der risikoneutralen Wahrscheinlichkeiten p und $1-p$

$$\begin{aligned}
P^e(0) = DF(0,T) \cdot \big(& p \cdot p_u(T/2) \cdot P_{uu}(T) \\
& + (p \cdot (1 - p_u(T/2)) + (1-p) \cdot p_d(T/2)) \cdot P_{ud} \\
& + (1-p) \cdot (1 - p_d(T/2)) P_{dd}(T) \big)
\end{aligned} \tag{14.38}$$

mit

$$p = \frac{\frac{S(0)}{DF(0,T/2)} - Div(T/2) - S_d(T/2)}{s_u(T/2) - S_d(T/2)} = \frac{F_S(T/2) - S_d(T/2)}{S_u(T/2) - S_d(T/2)} \tag{14.39}$$

sowie

$$p_u(T/2) = \frac{\frac{S_u(T/2)}{DF(T/2,T)} - Div(T) - S_{ud}(T)}{S_{uu}(T) - S_{ud}(T)} = \frac{F_{S,u}^{T/2}(T) - S_{ud}(T)}{S_{uu}(T) - S_{ud}(T)} \tag{14.40}$$

und

$$p_d(T/2) = \frac{\frac{S_d(T/2)}{DF(T/2,T)} - Div(T) - S_{dd}(T)}{S_{du}(T) - S_{dd}(T)} = \frac{F_{S,d}^{T/2}(T) - S_{dd}(T)}{S_{du}(T) - S_{dd}(T)} \tag{14.41}$$

wobei $F_{S,u}^{T/2}(T)$ und $F_{S,d}^{T/2}(T)$ die Forward-Preise der Aktie zum Zeitpunkt $T/2$ im Falle der Aufwärtsbewegung um u und der Abwärtsbewegung um d mit

$$F_{S,u}^{T/2}(T) = \frac{S_u(T/2)}{DF(T/2, T)} - Div(T) \tag{14.42}$$

und

$$F_{S,d}^{T/2}(T) = \frac{S_d(T/2)}{DF(T/2, T)} - Div(T) \tag{14.43}$$

sowie

$$F_S(T/2) = \frac{S(0)}{DF(0, T/2)} - Div(T/2) \tag{14.44}$$

Das zweistufige Binomialmodell mit Dividendenrendite

Zusätzliche Annahme:

- Die Aktie erwirtschaftet in jeder Periode eine zum Aktienkurs proportionale Dividendenrendite div, so dass gilt

$$Div(T/2) = div \cdot S(0) \tag{14.45}$$

und

$$Div(T) = div \cdot S(T/2) \tag{14.46}$$

No-Arbitrage-Bedingung im zweistufigen Binomialmodell mit Dividendenrendite

$$u > \frac{1}{\text{DF}(0, \text{T}/2)} - div - 1 > d \tag{14.47}$$

Fairer Preis einer europäischen Call-Option mittels der risikoneutralen Wahrscheinlichkeiten

$$C^e(0) = DF(0,T) \cdot (C_{uu}(T) \cdot p^2 + 2 \cdot C_{ud}(T) \cdot p \cdot (1-p) + C_{dd}(T) \cdot (1-p)^2) \tag{14.48}$$

Fairer Preis einer europäischen Put-Option mittels der risikoneutralen Wahrscheinlichkeiten

$$P^e(0) = DF(0,T) \cdot (P_{uu}(T) \cdot p^2 + 2 \cdot P_{ud}(T) \cdot p \cdot (1-p) + P_{dd}(T) \cdot (1-p)^2) \tag{14.49}$$

mit risikoneutraler Wahrscheinlichkeit

$$p = \frac{(1+z)^{T/2} - div - (1+d)}{u-d} \tag{14.50}$$

Das mehrstufige Binomialmodell ohne Dividenden

Annahme:

■ Es liegt eine deterministische, risikolose und flache Zinsstruktur vor, so dass für alle t mit $0 \leq t \leq T$ gilt $DF(0,t) = e^{-r \cdot t} = (1+z)^{-t}$. Die Aktie wird an n verschiedenen Handelszeitpunkten während der Optionsfrist T gehandelt und folgt einer Binomialverteilung.

No Arbitrage-Bedingung im n-stufigen Binomialmodell

$$u > \frac{1}{DF(0,T/n)} - 1 > d \tag{14.51}$$

Fairer Preis einer europäischen Call-Option mittels der risikoneutralen Wahrscheinlichkeiten

$$C^e(0) \tag{14.52}$$

$$= DF(0,T) \cdot \sum_{i=0}^{n} \max(S(0) \cdot (1+u)^{n-i} \cdot (1+d)^i - K; 0) \cdot \binom{n}{n-i} \cdot p^{n-i} \cdot (1-p)^i$$

Fairer Preis einer europäischen Put-Option mittels der risikoneutralen Wahrscheinlichkeiten

$$P^e(0) \tag{14.53}$$

$$= DF(0,T) \cdot \sum_{i=0}^{n} \max(K - S(0) \cdot (1+u)^{n-i} \cdot (1+d)^i; 0) \cdot \binom{n}{n-i} \cdot p^{n-i} \cdot (1-p)^i$$

mit

$$p = \frac{\frac{1}{DF(0,T/n)} - (1+d)}{u - d} \tag{14.54}$$

wobei $\binom{n}{n-i}$ der Binomialkoeffizient ist mit

$$\binom{n}{n-i} = \frac{n!}{(n-i)! \cdot i!} = \frac{n \cdot (n-1) \cdot \ldots \cdot (i+1)}{(n-i) \cdot (n-i-1) \cdot \ldots \cdot 1} \tag{14.55}$$

Das mehrstufige Binomialmodell mit Dividendenrendite

Zusätzliche Annahme:

■ Die Aktie erwirtschaftet in jeder Periode eine zum Aktienkurs proportionale Dividendenrendite div, so dass gilt

$$Div(t) = div \cdot S(t - T/n) \tag{14.56}$$

No-Arbitrage-Bedingung im mehrstufigen Binomialmodell mit Dividendenrendite

$$u > \frac{1}{DF(0, T/n)} - div - 1 > d \tag{14.57}$$

Fairer Preis einer europäischen Call-Option mittels der risikoneutralen Wahrscheinlichkeiten

$$C^e(0) \tag{14.58}$$
$$= DF(0, T) \cdot \sum_{i=0}^{n} \max(S(0) \cdot (1 + u)^{n-i} \cdot (1 + d)^{i} - K; 0) \cdot \binom{n}{n-i} \cdot p^{n-i} \cdot (1 - p)^{i}$$

Fairer Preis einer europäischen Put-Option mittels der risikoneutralen Wahrscheinlichkeiten

$$P^e(0) \tag{14.59}$$
$$= DF(0, T) \cdot \sum_{i=0}^{n} \max(K - S(0) \cdot (1 + u)^{n-i} \cdot (1 + d)^{i}; 0) \cdot \binom{n}{n-i} \cdot p^{n-i} \cdot (1 - p)^{i}$$

mit risikoneutraler Wahrscheinlichkeit

$$p = \frac{(1 + z)^{T/n} - div - (1 + d)}{u - d} \tag{14.60}$$

Risikoneutrale Optionsbewertung im Modell von Black und Scholes

Bewertung europäischer Optionen im Black-Scholes-Modell ohne Berücksichtigung von Dividenden

Annahmen:

- Der Aktienhandel ist stetig.
- Die logarithmischen Aktienkursrenditen $\ln(S(T)/S(0))$ sind normalverteilt.
- Der Zinssatz ist deterministisch
- Die zugrunde liegende Aktie zahlt während der Laufzeit der Option keine Dividende.
- Die Volatilität σ der Aktienkursentwicklung ist konstant.

Die Aktienkursentwicklung der Aktie S wird anhand der stochastischen Differentialgleichung

$$\underbrace{dS(t)}_{\text{Aktienkursveränderung}} = \underbrace{r \cdot S(t) \cdot dt}_{\text{Verzinsung}} + \underbrace{\sigma \cdot S(t) \cdot dW(t)}_{\text{Zufallskomponente}} \tag{14.61}$$

mit $W(T)$ Brownsche Bewegung beschrieben.

Geometrische Brownsche Bewegung (Lösung der stochastischen Differentialgleichung)

$$S(T) = S(0) \cdot e^{r \cdot T - \frac{1}{2} \cdot \sigma^2 \cdot T + \sigma \cdot W(T)} = F_S(T) \cdot e^{-\frac{1}{2} \cdot \sigma^2 \cdot T + \sigma \cdot W(T)} \tag{14.62}$$

mit $S(0)$ der heutige Wert der Aktie, $S(T)$ der unbekannte, zukünftige Wert der Aktie im Zeitpunkt T, $F_S(T)$ der faire Forward-Preis der Aktie mit Erfüllungszeitpunkt T und σ die Volatilität der Aktie.

Fairer Preis einer europäischen Call-Option auf eine Aktie S mit Ausübungspreis K, einer Optionsfrist T und einer Volatilität σ der Aktie

$$C^e(0) = e^{-rT} \cdot (F_S(T) \cdot N(d_1) - K \cdot N(d_2)) = S(0) \cdot N(d_1) - e^{-rT} \cdot K \cdot N(d_2) \tag{14.63}$$

Fairer Preis einer europäischen Put-Option auf eine Aktie S mit Ausübungspreis K, einer Optionsfrist T und einer Volatilität σ der Aktie

$$P^e(0) = e^{-rT} \cdot (K \cdot N(-d_2) - F_S(T) \cdot N(-d_1)) = e^{-rT} \cdot K \cdot N(-d_2) - S(0) \cdot N(-d_1) \tag{14.64}$$

mit

$$d_1 = \frac{\ln\left(\frac{F_S(T)}{K}\right) + \frac{1}{2}\sigma^2 \cdot T}{\sigma\sqrt{T}} = \frac{\ln\left(\frac{S(0)}{K}\right) + \left(r + \frac{1}{2}\sigma^2\right) \cdot T}{\sigma\sqrt{T}} \tag{14.65}$$

und

$$d_2 = d_1 - \sigma\sqrt{T} \tag{14.66}$$

wobei $N(d)$ den Wert der Normalverteilungsfunktion an einer Stelle d angibt,[7] $S(0)$ der heutige Wert der Aktie und $F_S(T)$ der Forward-Preis der Aktie mit Erfüllungszeitpunkt T ist

$$F_S(T) = S(0) \cdot e^{r \cdot T} = \frac{S(0)}{DF(0,T)} \tag{14.67}$$

---

[7] Zur Ermittlung der Wahrscheinlichkeiten siehe Normalverteilungstabelle im Anhang.

Bewertung europäischer Optionen im Black-Scholes-Modell mit Dividendenrendite

Zusätzliche Annahme:

■ Die Aktie erwirtschaftet für den Zeitraum von t bis $t + dt$ Dividenden eine Dividendenrendite div, so dass gilt

$$Div(t + dt) = div \cdot S(t) \cdot dt \tag{14.68}$$

Die Aktienkursentwicklung der Aktie S unter Berücksichtigung einer Dividendenrendite div wird anhand der stochastischen Differentialgleichung

$$\underbrace{dS(t)}_{\substack{\text{Aktienkurs-}\\\text{veränderung}}} = \underbrace{r \cdot S(t) \cdot dt}_{\text{Verzinsung}} - \underbrace{div \cdot S(t) \cdot dt}_{\text{Dividendenzahlungen}} + \underbrace{\sigma \cdot S(t) \cdot dW(t)}_{\text{Zufallskomponente}} \tag{14.69}$$

mit $W(T)$ Brownsche Bewegung beschrieben.

Geometrische Brownsche Bewegung (Lösung der stochastischen Differentialgleichung)

$$S(T) = S(0) \cdot e^{(r-div) \cdot T - \frac{1}{2} \cdot \sigma^2 \cdot T + \sigma \cdot W(T)} = F_S(T) \cdot e^{-\frac{1}{2} \cdot \sigma^2 \cdot T + \sigma \cdot W(T)} \tag{14.70}$$

mit $S(0)$ der heutige Wert der Aktie, $S(T)$ der unbekannte, zukünftige Wert der Aktie im Zeitpunkt T, $F_S(T)$ der faire Forward-Preis der Aktie mit Erfüllungszeitpunkt T und σ die Volatilität der Aktie.

Fairer Preis einer europäischen Call-Option auf eine Aktie S mit Ausübungspreis K, einer Optionsfrist T und einer Volatilität σ der Aktie

$$\begin{aligned} C^e(0) &= e^{-rT} \cdot (F_S(T) \cdot N(d_1) - K \cdot N(d_2)) \\ &= S(0) \cdot e^{-div \cdot T} \cdot N(d_1) - e^{-rT} \cdot K \cdot N(d_2) \end{aligned} \tag{14.71}$$

Fairer Preis einer europäischen Put-Option auf eine Aktie S mit Ausübungspreis K, einer Optionsfrist T und einer Volatilität σ der Aktie

$$\begin{aligned} P^e(0) &= e^{-rT} \cdot (K \cdot N(-d_2) - F_S(T) \cdot N(-d_1)) \\ &= e^{-rT} \cdot K \cdot N(-d_2) - S(0) \cdot e^{-div \cdot T} \cdot N(-d_1) \end{aligned} \tag{14.72}$$

mit

$$d_1 = \frac{\ln\left(\frac{F_S(T)}{K}\right) + \frac{1}{2}\sigma^2 \cdot T}{\sigma\sqrt{T}} = \frac{\ln\left(\frac{S(0)}{K}\right) + \left(r - div + \frac{1}{2}\sigma^2\right) \cdot T}{\sigma\sqrt{T}} \tag{14.73}$$

und

$$d_2 = d_1 - \sigma\sqrt{T} \tag{14.74}$$

wobei $N(d)$ den Wert der Normalverteilungsfunktion an einer Stelle d angibt,[8] $S(0)$ der heutige Wert der Aktie und $F_S(T)$ der Forward-Preis der Aktie mit Erfüllungszeitpunkt T ist

$$F_S(T) = S(0) \cdot e^{(r-div)\cdot T} = \frac{S(0)e^{-div\cdot T}}{DF(0,T)} \tag{14.75}$$

---

[8] Zur Ermittlung der Wahrscheinlichkeiten siehe Normalverteilungstabelle im Anhang.

Zusammenhang Black-Scholes-Modell und Binomialmodell

Annahme:

■ Die Aktie wird an n verschiedenen Handelszeitpunkten während der Optionsfrist
 T gehandelt.

Zusammenhang der impliziten Black-Scholes-Volatilität σ des Aktienkurses mit den
Aufund Abwärtsrenditen u und d des Binomialmodells

$$u = e^{\sigma\sqrt{T/n}} - 1 \tag{14.76}$$

und

$$d = e^{-\sigma\sqrt{T/n}} - 1 \tag{14.77}$$

Risikoanalyse von Aktienoptionen im Black-Scholes-Modell

Delta Δ (Sensitivität des Optionspreises gegenüber Änderungen des Basiswertes)

- einer Call-Option

$$\Delta_C = N(d_1) \tag{14.78}$$

- einer Put-Option

$$\Delta_P = -N(-d_1) \tag{14.79}$$

Gamma Γ (Sensitivität des Deltas gegenüber Änderungen des Basiswertes)

- einer Call-Option

$$\Gamma_C = \frac{n(d_1)}{S(0) \cdot \sigma \cdot \sqrt{T}} \tag{14.80}$$

- einer Put-Option

$$\Gamma_P = \Gamma_C \tag{14.81}$$

Vega V (Sensitivität des Optionspreises gegenüber Änderungen der Volatilität)

- einer Call-Option

$$\mathrm{V}_C = S(0) \cdot n(d_1) \cdot \sqrt{T} \tag{14.82}$$

- einer Put-Option

$$\mathrm{V}_P = \mathrm{V}_C \tag{14.83}$$

Theta Θ (Sensitivität des Optionspreises gegenüber Änderungen der Volatilität)

- einer Call-Option

$$\Theta_C = -\frac{S(0) \cdot n(d_1) \cdot \sigma}{2 \cdot \sqrt{T}} - r \cdot K \cdot e^{-rT} \cdot N(d_2) \tag{14.84}$$

- einer Put-Option

$$\Theta_P = -\frac{S(0) \cdot n(d_1) \cdot \sigma}{2 \cdot \sqrt{T}} + r \cdot K \cdot e^{-rT} \cdot N(-d_2) \tag{14.85}$$

mit

$$n(d) = N'(d) = \frac{1}{\sqrt{2\pi}} e^{-\frac{d^2}{2}} \tag{14.86}$$

Beziehung zwischen den Griechen

- einer Call-Option

$$\Theta_C + r \cdot S(0) \cdot \Delta_C + \frac{1}{2} \cdot \sigma^2 \cdot S(0)^2 \cdot \Gamma_C = r \cdot C \tag{14.87}$$

- einer Put-Option

$$\Theta_P + r \cdot S(0) \cdot \Delta_P + \frac{1}{2} \cdot \sigma^2 \cdot S(0)^2 \cdot \Gamma_P = r \cdot P \tag{14.88}$$

Black-Scholes-Gleichung

$$\frac{\partial V}{\partial t} + r \cdot S(t) \cdot \frac{\partial V}{\partial S} + \frac{1}{2} \cdot \sigma^2 \cdot S(T)^2 \cdot \frac{\partial^2 V}{\partial S^2} = r \cdot V \tag{14.89}$$

wobei V der Preis eines beliebigen Derivates mit Underlying S.

15
Zinsoptionen

Anleiheoptionen

Allgemeine Bewertungsrelationen für Anleiheoptionen

Auszahlungsprofil eines Calls auf eine Kuponanleihe mit einem vereinbarten Basispreis K im Ausübungs- oder Fälligkeitszeitpunkt T

$$C(T) = \max(K(T) - K; 0) \tag{15.1}$$

Auszahlungsprofil eines Puts auf eine Kuponanleihe mit einem vereinbarten Basispreis K im Ausübungs- oder Fälligkeitszeitpunkt T

$$P(T) = \max(K - K(T); 0) \tag{15.2}$$

Hierbei steht $K(T)$ für den heute noch unbekannten, zukünftigen Kurs der Kuponanleihe im Ausübungs- oder Fälligkeitszeitpunkt T.

Put-Call-Parität für europäische Anleiheoptionen

$$C^e(0) = P^e(0) + (F_K(T) - K) \cdot DF(0, T) \tag{15.3}$$

mit $C^e(0)$ heutiger Preis eines europäischen Calls, $P^e(0)$ heutiger Preis eines europäischen Puts, beide Optionen auf die gleiche Kuponanleihe mit heutigem Kurs $K(0)$ sowie mit gleicher Laufzeit und gleichem Basispreis K, wobei $F_K(T)$ Forward-Preis der Anleihe mit Erfüllungszeitpunkt T ist.[9]

---

[9] Vgl. hierzu auch Abschnitt 7.

© Springer Fachmedien Wiesbaden GmbH, ein Teil von Springer Nature 2021
S. Kruse, *Formelsammlung Aktien-, Zins- und Währungsderivate*,
https://doi.org/10.1007/978-3-658-28614-9_15

Risikoneutrale Bewertung von Anleiheoptionen im Modell von Black

Annahme:

■ Es wird ein lognormalverteilter Anleihekurs, stetiger Handel, ein gegebener Diskontfaktor für die Laufzeit der Option und eine konstante Volatilität analog dem Black-Scholes-Modell für Aktienoptionen angenommen.

Fairer Preis einer europäischen Kaufoption auf eine Kuponanleihe mit Ausübungspreis K, einer Optionsfrist T und Volatilität σ

$$C^e(0) = DF(0,T) \cdot (F_K(T) \cdot N(d_1) - K \cdot N(d_2)) \tag{15.4}$$

Fairer Preis einer europäischen Verkaufsoption auf eine Kuponanleihe mit Ausübungspreis K, einer Optionsfrist T und Volatilität σ

$$P^e(0) = DF(0,T) \cdot (K \cdot N(-d_2) - F_K(T) \cdot N(-d_1)) \tag{15.5}$$

mit

$$d_1 = \frac{\ln\left(\frac{F_K(T)}{K}\right) + \frac{1}{2}\sigma^2 \cdot T}{\sigma\sqrt{T}} \tag{15.6}$$

$$d_2 = d_1 - \sigma\sqrt{T} \tag{15.7}$$

wobei $N(d)$ den Wert der Normalverteilungsfunktion an einer Stelle d angibt[10] und $F_K(T)$ der Forward-Preis der zugrunde liegenden Anleihe mit Erfüllungszeitpunkt T ist.[11]

---

[10] Zur Ermittlung der Wahrscheinlichkeiten siehe Normalverteilungstabelle im Anhang.

[11] Dieser Forward-Preis kann wie in Abschnitt 7 dargestellt ermittelt werden.

Caps und Floors

Allgemeine Bewertungsrelationen für Caps und Floors

Abbildung 15.1 Absicherungsperiode eines Caplets/Floorlets

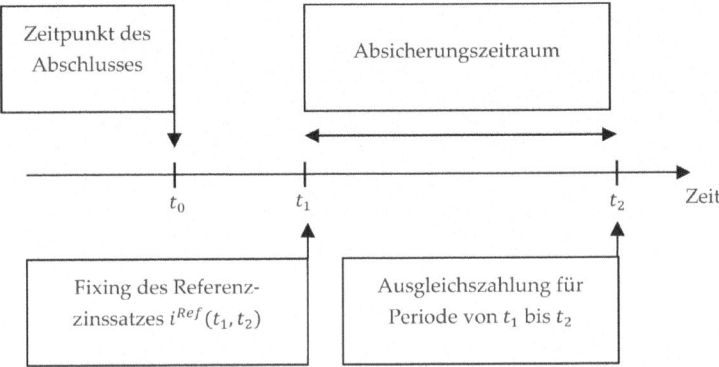

Auszahlungsprofil eines Caplets auf den Referenzzins $i^{Ref}(t_1, t_2)$ für eine Zinsperiode von t_1 bis t_2 und einem vereinbarten Basiszins k auf einen Nominalbetrag N

$$\max(N \cdot (t_2 - t_1) \cdot (i^{Ref}(t_1, t_2) - k); 0) \tag{15.8}$$

Auszahlungsprofil eines Floorlets auf den Referenzzins $i^{Ref}(t_1, t_2)$ für eine Zinsperiode von t_1 bis t_2 und einem vereinbarten Basiszins k auf einen Nominalbetrag N

$$\max(N \cdot (t_2 - t_1) \cdot (k - i^{Ref}(t_1, t_2)); 0) \tag{15.9}$$

Put-Call-Parität für Caps und Floors

$$\mathrm{Cap} - \mathrm{Floor} = FPS(0) \tag{15.10}$$

mit Cap der heutige Preis eines Caps und Floor der heutige Preis eines Floors, beide Optionen auf den gleichen Referenzzins über die gleichen Absicherungsperioden und mit dem gleichen Basiszins k, wobei $FPS(0)$ der heutige Marktwert eines Forward Payer Swaps ist, der mit der ersten Absicherungsperiode beginnt und bis zur Fälligkeit der beiden Optionen mit einer vereinbarten Swaprate von k läuft.[12]

Risikoneutrale Bewertung von Caps und Floors im Modell von Black

Annahme:

■ Es wird ein lognormalverteilter Referenzzinssatz, stetiger Handel, ein gegebener Diskontfaktor für die Laufzeit der Option und eine konstante Volatilität analog dem Black-Scholes-Modell für Aktienoptionen angenommen.

Bewertung der einzelnen Caplets bzw. Floorlets mit Absicherungsperiode von t_1 bis t_2 auf ein Nominal N und den Referenzzinssatz $i^{Ref}(t_1, t_2)$ mit Volatilität σ:

Fairer Preis eines Caplets mit Cap Rate k

$$\text{Caplet} = N \cdot (t_2 - t_1) \cdot DF(0, t_2) \cdot (FR(t_1, t_2) \cdot N(d_1) - K \cdot N(d_2)) \tag{15.11}$$

Fairer Preis eines Floorlets mit Floor Rate k

$$\text{Floorlet} = N \cdot (t_2 - t_1) \cdot DF(0, t_2) \cdot (K \cdot N(-d_2) - FR(t_1, t_2) \cdot N(-d_1)) \tag{15.12}$$

mit

$$d_1 = \frac{\ln\left(\frac{FR(t_1, t_2)}{K}\right) + \frac{1}{2}\sigma^2 \cdot t_1}{\sigma\sqrt{t_1}} \tag{15.13}$$

$$d_2 = d_1 - \sigma\sqrt{T} \tag{15.14}$$

wobei $N(d)$ den Wert der Normalverteilungsfunktion an einer Stelle d angibt[13] und $FR(t_1, t_2)$ der heutige Forward-Zinssatz für die heute noch unbekannte Verzinsung $i^{Ref}(t_1, t_2)$ von t_1 nach t_2 ist.[14]

Die Summe der Werte der Caplets bildet den fairen Preis des Caps. Analog wird der Wert eines Floors durch Aufsummieren der Werte der einzelnen Floorlets ermittelt.

---

[12] Vgl. Abschnitt 11, Bewertung von Forward Swaps.

[13] Zur Ermittlung der Wahrscheinlichkeiten siehe Normalverteilungstabelle im Anhang.

[14] Siehe Berechnung von Forward-Zero-Zinsen, vgl. Abschnitt 2, Forward-Diskontfaktoren und Forward-Zero-Zinssätze.

Swaptions

Annahme:

■ Zur Vereinfachung der Darstellung wird im Folgenden angenommen, dass die Zinszahlungsfrequenz auf der Payer-Seite des zugrunde liegenden Swaps einem Jahr entspricht.

Allgemeine Bewertungsrelationen für Swaptions

Abbildung 15.2 Grundlegende Funktionsweise einer Swaption mit Physical Settlement

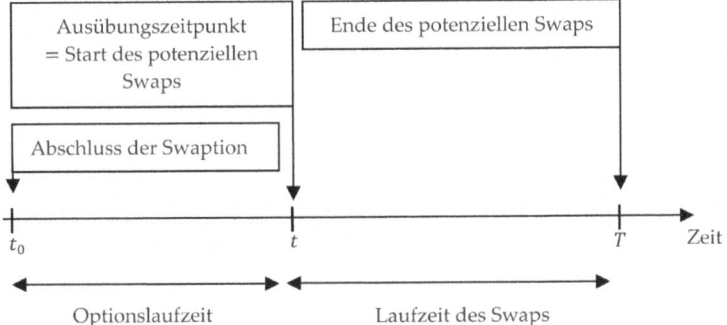

Auszahlungsprofil einer Payer Swaption mit Laufzeit t auf einen Swap mit Nominal N, Swaprate k, der von t bis T läuft

$$PS(t) = N \cdot \sum_{i=t+1}^{T} DF(t,i) \cdot \max(c_S(t,T) - k; 0) \tag{15.15}$$

Auszahlungsprofil einer Receiver Swaption mit Laufzeit t auf einen Swap mit Nominal N, Swaprate k, der von t bis T läuft

$$RS(t) = N \cdot \sum_{i=t+1}^{T} DF(t,i) \cdot \max(k - c_S(t,T); 0) \tag{15.16}$$

mit $c_S(t,T)$ der zum Zeitpunkt t geltende faire Swap-Satz für einen Swap der Laufzeit $T - t$.

Put-Call-Parität für Swaptions

$$RS(0) - PS(0) = FRS(0) \tag{15.17}$$

mit $RS(0)$ der heutige Marktwert einer Receiver Swaption und $PS(0)$ der heutige Marktwert einer Payer Swaption. Beide Optionen beziehen sich auf einen Swap mit vereinbarter Swaprate k und Laufzeit $T-t$. Ferner ist $FRS(0)$ der heutige Marktwert eines Forward Receiver Swaps, der in t beginnt und bis T mit einer vereinbarten Swaprate von k läuft.[15]

Risikoneutrale Bewertung von Swaptions im Modell von Black

Annahme:

■ Es wird ein lognormalverteilter Swap-Satz, stetiger Handel, ein gegebener Diskontfaktor für die Laufzeit der Option und eine konstante Volatilität analog dem Black-Scholes-Modell für Aktienoptionen angenommen.

Fairer Preis $PS(0)$ einer Payer Swaption mit Strike k, einer Optionsfälligkeit in t auf einen Swap mit Laufzeit von t bis T auf ein Nominal N und Volatilität σ

$$PS(0) = N \cdot \sum_{i=t+1}^{T} DF(0,i) \cdot (FSR(t,T) \cdot N(d_1) - k \cdot N(d_2)) \tag{15.18}$$

Fairer Preis $RS(0)$ einer Receiver Swaption mit Strike k, einer Optionsfälligkeit in t auf einen Swap mit Laufzeit von t bis T auf ein Nominal N und Volatilität σ

$$RS(0) = N \cdot \sum_{i=t+1}^{T} DF(0,i) \cdot (k \cdot N(-d_2) - FSR(t,T) \cdot N(-d_1)) \tag{15.19}$$

mit

$$d_1 = \frac{\ln\left(\frac{FSR(t,T)}{k}\right) + \frac{1}{2}\sigma^2 \cdot t}{\sigma\sqrt{t}} \tag{15.20}$$

$$d_2 = d_1 - \sigma\sqrt{t} \tag{15.21}$$

wobei $N(d)$ den Wert der Normalverteilungsfunktion an einer Stelle d angibt[16] und $FSR(t,T)$ die heutige Forward Swap Rate für die Periode von t bis T mit[17]

---

[15] Vgl. Abschnitt 11, Bewertung eines Forward Swaps.

[16] Zur Ermittlung der Wahrscheinlichkeiten siehe Normalverteilungstabelle im Anhang.

[17] Vgl. Abschnitt 11, Bewertung eines Forward Swaps.

$$FSR(t,T) = \frac{1 - DF(t,T)}{\sum_{i=t+1}^{T} DF(t,i)} \tag{15.22}$$

16
Devisenoptionen

Allgemeine Bewertungsrelationen für Devisenoptionen

Auszahlungsprofil eines Devisencalls auf den Wechselkurs X mit einem vereinbarten Basispreis K im Ausübungs- oder Fälligkeitszeitpunkt T.[18]

$$C(T) = \max(X(T) - K; 0) \tag{16.1}$$

Auszahlungsprofil eines Devisenputs auf den Wechselkurs X mit einem vereinbarten Basispreis K im Ausübungs- oder Fälligkeitszeitpunkt T

$$P(T) = \max(K - X(T); 0) \tag{16.2}$$

mit $X(T)$ der heute noch unbekannte, zukünftige Wechselkurs der Inlandswährung in die Auslands- bzw. Fremdwährung in Preisnotierung im Ausübungs- oder Fälligkeitszeitpunkt T.[19]

Put-Call-Parität für europäische Devisenoptionen mit gleichem Basiswert K und Laufzeit T

$$C^e(0) = P^e(0) + (F_X(T) - K) \cdot DF^I(0, T) \tag{16.3}$$

mit $DF^I(0, T)$ Diskontfaktor der Inlands- oder Eigenwährung, $DF^A(0, T)$ Diskontfaktor der Fremdwährung und $F_X(T)$ Forward-Wechselkurs mit

$$F_X(T) = X(0) \cdot \frac{DF^A(0, T)}{DF^I(0, T)} \tag{16.4}$$

---

[18] Diese Darstellung bezieht sich auf eine einzelne Währungseinheit.

[19] Vgl. hierzu auch Abschnitt 8.

© Springer Fachmedien Wiesbaden GmbH, ein Teil von Springer Nature 2021
S. Kruse, *Formelsammlung Aktien-, Zins- und Währungsderivate*,
https://doi.org/10.1007/978-3-658-28614-9_16

und $C^e(0)$ der Preis einer europäischen Devisenkaufoption und $P^e(0)$ der Preis einer europäischen Devisenverkaufsoption.

Risikoneutrale Bewertung von Devisenoptionen

Bewertung europäischer Devisenoptionen im Modell von Garman und Kohlhagen

Annahme:

- Es wird ein lognormalverteilter Wechselkurs, stetiger Handel, ein gegebener Diskontfaktor für die Laufzeit der Option und eine konstante Volatilität analog dem Black-Scholes-Modell für Aktienoptionen angenommen.

Fairer Preis einer europäischen Devisenkaufoption auf eine Währungseinheit X mit heutigem Preis $X(0)$, Ausübungspreis K, Optionsfrist T und Volatilität σ

$$C^e(0) = DF^I(0,T) \cdot (F_X(T) \cdot N(d_1) - K \cdot N(d_2)) \tag{16.5}$$

Fairer Preis einer europäischen Devisenverkaufsoption auf eine Währungseinheit X mit heutigem Preis $X(0)$, Ausübungspreis K, Optionsfrist T und Volatilität σ

$$P^e(0) = DF^I(0,T) \cdot (K \cdot N(-d_2) - F_X(T) \cdot N(-d_1)) \tag{16.6}$$

mit

$$d_1 = \frac{\ln\left(\frac{X(0)}{K}\right) + (r_I - r_A + \frac{1}{2}\sigma^2) \cdot T}{\sigma\sqrt{T}} = \frac{\ln\left(\frac{F_X(T)}{K}\right) + \frac{1}{2}\sigma^2 \cdot T}{\sigma\sqrt{T}} \tag{16.7}$$

sowie

$$d_2 = d_1 - \sigma\sqrt{T} \tag{16.8}$$

wobei $DF^I(0,T)$ Diskontfaktor den Inlands- oder Eigenwährung und $N(d)$ den Wert der Normalverteilungsfunktion an einer Stelle d angibt[20] und

$$F_X(T) = X(0) \cdot \frac{DF^A(0,T)}{DF^I(0,T)} \tag{16.9}$$

der Devisenterminkurs für den Erfüllungszeitpunkt T ist. Hierbei ist $DF^A(0,T)$ der Diskontfaktor der Fremdwährung.

---

[20] Zur Ermittlung der Wahrscheinlichkeiten siehe Normalverteilungstabelle im Anhang.

Risikoanalyse von Devisenoptionen im Modell von Garman und Kohlhagen

Delta Δ (Sensitivität des Optionspreises gegenüber Änderungen des Basiswertes)

- einer Call-Option

$$\Delta_C = e^{-r_A \cdot T} \cdot N(d_1) \tag{16.10}$$

- einer Put-Option

$$\Delta_P = -e^{-r_A \cdot T} \cdot N(-d_1) \tag{16.11}$$

Vega V (Sensitivität des Optionspreises gegenüber Änderungen der Volatilität)

- einer Call-Option

$$V_C = X(0) \cdot e^{-r_A \cdot T} \cdot \sqrt{T} \cdot n(d_1) \tag{16.12}$$

- einer Put-Option

$$V_P = V_C \tag{16.13}$$

Vanna (Sensitivität des Vegas gegenüber Änderungen des Basiswertes)

- einer Call-Option

$$\text{Vanna}_C = \frac{\partial^2 C}{\partial \sigma \partial X(0)} = -e^{-r_A \cdot T} \cdot n(d_1) \cdot \frac{d_2}{\sigma} \tag{16.14}$$

- einer Put-Option

$$\text{Vanna}_P = \frac{\partial^2 P}{\partial \sigma \partial X(0)} = \text{Vanna}_C \tag{16.15}$$

Volga (Sensitivität des Vegas gegenüber Änderungen der Volatilität)

- einer Call-Option

$$\text{Volga}_C = \frac{\partial^2 C}{\partial \sigma^2} = X(0) \cdot e^{-r_A \cdot T} \cdot \sqrt{T} \cdot n(d_1) \cdot \frac{d_1 \cdot d_2}{\sigma} \tag{16.16}$$

- einer Put-Option

$$\text{Volga}_P = \frac{\partial^2 P}{\partial \sigma^2} = \text{Volga}_C \tag{16.17}$$

mit

$$n(d) = N'(d) = \frac{1}{\sqrt{2\pi}} e^{-\frac{d^2}{2}} \tag{16.18}$$

Normalverteilungstabelle

In der folgenden Tabelle werden die Werte der Verteilungsfunktion der Standard-normalverteilung dargestellt.

Ist der Wert, an der die Verteilungsfunktion abzulesen ist, negativ, so benutzt man die Spalte $N(-d)$, bei positiven Werten die Spalte $N(d)$

Beispielsweise gilt $N(-0,25) = 0,4013$ und $N(0,25) = 0,5987$. Ferner gilt $N(0) = 0,5$.

Für $d > 3$ gilt näherungsweise $N(d) = 1$ und $N(-d) = 0$.

© Springer Fachmedien Wiesbaden GmbH, ein Teil von Springer Nature 2021
S. Kruse, *Formelsammlung Aktien-, Zins- und Währungsderivate*,
https://doi.org/10.1007/978-3-658-28614-9

Tabelle (Standard-)Normalverteilungstabelle für d-Werte von 0,01 bis 1,00

d	$N(-d)$	$N(d)$	d	$N(-d)$	$N(d)$
0,01	0,4960	0,5040	0,51	0,3050	0,6950
0,02	0,4920	0,5080	0,52	0,3015	0,6985
0,03	0,4880	0,5120	0,53	0,2981	0,7019
0,04	0,4840	0,5160	0,54	0,2946	0,7054
0,05	0,4801	0,5199	0,55	0,2912	0,7088
0,06	0,4761	0,5239	0,56	0,2877	0,7123
0,07	0,4721	0,5279	0,57	0,2843	0,7157
0,08	0,4681	0,5319	0,58	0,2810	0,7190
0,09	0,4641	0,5359	0,59	0,2776	0,7224
0,10	0,4602	0,5398	0,60	0,2743	0,7257
0,11	0,4562	0,5438	0,61	0,2709	0,7291
0,12	0,4522	0,5478	0,62	0,2676	0,7324
0,13	0,4483	0,5517	0,63	0,2643	0,7357
0,14	0,4443	0,5557	0,64	0,2611	0,7389
0,15	0,4404	0,5596	0,65	0,2578	0,7422
0,16	0,4364	0,5636	0,66	0,2546	0,7454
0,17	0,4325	0,5675	0,67	0,2514	0,7486
0,18	0,4286	0,5714	0,68	0,2483	0,7517
0,19	0,4247	0,5753	0,69	0,2451	0,7549
0,20	0,4207	0,5793	0,70	0,2420	0,7580
0,21	0,4168	0,5832	0,71	0,2389	0,7611
0,22	0,4129	0,5871	0,72	0,2358	0,7642
0,23	0,4090	0,5910	0,73	0,2327	0,7673
0,24	0,4052	0,5948	0,74	0,2296	0,7704
0,25	0,4013	0,5987	0,75	0,2266	0,7734
0,26	0,3974	0,6026	0,76	0,2236	0,7764
0,27	0,3936	0,6064	0,77	0,2206	0,7794
0,28	0,3897	0,6103	0,78	0,2177	0,7823
0,29	0,3859	0,6141	0,79	0,2148	0,7852
0,30	0,3821	0,6179	0,80	0,2119	0,7881
0,31	0,3783	0,6217	0,81	0,2090	0,7910
0,32	0,3745	0,6255	0,82	0,2061	0,7939
0,33	0,3707	0,6293	0,83	0,2033	0,7967
0,34	0,3669	0,6331	0,84	0,2005	0,7995
0,35	0,3632	0,6368	0,85	0,1977	0,8023
0,36	0,3594	0,6406	0,86	0,1949	0,8051
0,37	0,3557	0,6443	0,87	0,1922	0,8078
0,38	0,3520	0,6480	0,88	0,1894	0,8106
0,39	0,3483	0,6517	0,89	0,1867	0,8133
0,40	0,3446	0,6554	0,90	0,1841	0,8159
0,41	0,3409	0,6591	0,91	0,1814	0,8186
0,42	0,3372	0,6628	0,92	0,1788	0,8212
0,43	0,3336	0,6664	0,93	0,1762	0,8238
0,44	0,3300	0,6700	0,94	0,1736	0,8264
0,45	0,3264	0,6736	0,95	0,1711	0,8289
0,46	0,3228	0,6772	0,96	0,1685	0,8315
0,47	0,3192	0,6808	0,97	0,1660	0,8340
0,48	0,3156	0,6844	0,98	0,1635	0,8365
0,49	0,3121	0,6879	0,99	0,1611	0,8389
0,50	0,3085	0,6915	1,00	0,1587	0,8413

Tabelle (Standard-)Normalverteilungstabelle   für d-Werte   von   1,01   bis   2,00

d	$N(-d)$	$N(d)$	d	$N(-d)$	$N(d)$
1,01	0,1562	0,8438	1,51	0,0655	0,9345
1,02	0,1539	0,8461	1,52	0,0643	0,9357
1,03	0,1515	0,8485	1,53	0,0630	0,9370
1,04	0,1492	0,8508	1,54	0,0618	0,9382
1,05	0,1469	0,8531	1,55	0,0606	0,9394
1,06	0,1446	0,8554	1,56	0,0594	0,9406
1,07	0,1423	0,8577	1,57	0,0582	0,9418
1,08	0,1401	0,8599	1,58	0,0571	0,9429
1,09	0,1379	0,8621	1,59	0,0559	0,9441
1,10	0,1357	0,8643	1,60	0,0548	0,9452
1,11	0,1335	0,8665	1,61	0,0537	0,9463
1,12	0,1314	0,8686	1,62	0,0526	0,9474
1,13	0,1292	0,8708	1,63	0,0516	0,9484
1,14	0,1271	0,8729	1,64	0,0505	0,9495
1,15	0,1251	0,8749	1,65	0,0495	0,9505
1,16	0,1230	0,8770	1,66	0,0485	0,9515
1,17	0,1210	0,8790	1,67	0,0475	0,9525
1,18	0,1190	0,8810	1,68	0,0465	0,9535
1,19	0,1170	0,8830	1,69	0,0455	0,9545
1,20	0,1151	0,8849	1,70	0,0446	0,9554
1,21	0,1131	0,8869	1,71	0,0436	0,9564
1,22	0,1112	0,8888	1,72	0,0427	0,9573
1,23	0,1093	0,8907	1,73	0,0418	0,9582
1,24	0,1075	0,8925	1,74	0,0409	0,9591
1,25	0,1056	0,8944	1,75	0,0401	0,9599
1,26	0,1038	0,8962	1,76	0,0392	0,9608
1,27	0,1020	0,8980	1,77	0,0384	0,9616
1,28	0,1003	0,8997	1,78	0,0375	0,9625
1,29	0,0985	0,9015	1,79	0,0367	0,9633
1,30	0,0968	0,9032	1,80	0,0359	0,9641
1,31	0,0951	0,9049	1,81	0,0351	0,9649
1,32	0,0934	0,9066	1,82	0,0344	0,9656
1,33	0,0918	0,9082	1,83	0,0336	0,9664
1,34	0,0901	0,9099	1,84	0,0329	0,9671
1,35	0,0885	0,9115	1,85	0,0322	0,9678
1,36	0,0869	0,9131	1,86	0,0314	0,9686
1,37	0,0853	0,9147	1,87	0,0307	0,9693
1,38	0,0838	0,9162	1,88	0,0301	0,9699
1,39	0,0823	0,9177	1,89	0,0294	0,9706
1,40	0,0808	0,9192	1,90	0,0287	0,9713
1,41	0,0793	0,9207	1,91	0,0281	0,9719
1,42	0,0778	0,9222	1,92	0,0274	0,9726
1,43	0,0764	0,9236	1,93	0,0268	0,9732
1,44	0,0749	0,9251	1,94	0,0262	0,9738
1,45	0,0735	0,9265	1,95	0,0256	0,9744
1,46	0,0721	0,9279	1,96	0,0250	0,9750
1,47	0,0708	0,9292	1,97	0,0244	0,9756
1,48	0,0694	0,9306	1,98	0,0239	0,9761
1,49	0,0681	0,9319	1,99	0,0233	0,9767
1,50	0,0668	0,9332	2,00	0,0228	0,9772

Tabelle (Standard-)Normalverteilungstabelle   für d-Werte   von   2,01   bis   3,00

d	$N(-d)$	$N(d)$	d	$N(-d)$	$N(d)$
2,01	0,0222	0,9778	2,51	0,0060	0,994
2,02	0,0217	0,9783	2,52	0,0059	0,9941
2,03	0,0212	0,9788	2,53	0,0057	0,9943
2,04	0,0207	0,9793	2,54	0,0055	0,9945
2,05	0,0202	0,9798	2,55	0,0054	0,9946
2,06	0,0197	0,9803	2,56	0,0052	0,9948
2,07	0,0192	0,9808	2,57	0,0051	0,9949
2,08	0,0188	0,9812	2,58	0,0049	0,9951
2,09	0,0183	0,9817	2,59	0,0048	0,9952
2,10	0,0179	0,9821	2,60	0,0047	0,9953
2,11	0,0174	0,9826	2,61	0,0045	0,9955
2,12	0,0170	0,9830	2,62	0,0044	0,9956
2,13	0,0166	0,9834	2,63	0,0043	0,9957
2,14	0,0162	0,9838	2,64	0,0041	0,9959
2,15	0,0158	0,9842	2,65	0,0040	0,9960
2,16	0,0154	0,9846	2,66	0,0039	0,9961
2,17	0,0150	0,9850	2,67	0,0038	0,9962
2,18	0,0146	0,9854	2,68	0,0037	0,9963
2,19	0,0143	0,9857	2,69	0,0036	0,9964
2,20	0,0139	0,9861	2,70	0,0035	0,9965
2,21	0,0136	0,9864	2,71	0,0034	0,9966
2,22	0,0132	0,9868	2,72	0,0033	0,9967
2,23	0,0129	0,9871	2,73	0,0032	0,9968
2,24	0,0125	0,9875	2,74	0,0031	0,9969
2,25	0,0122	0,9878	2,75	0,0030	0,9970
2,26	0,0119	0,9881	2,76	0,0029	0,9971
2,27	0,0116	0,9884	2,77	0,0028	0,9972
2,28	0,0113	0,9887	2,78	0,0027	0,9973
2,29	0,0110	0,9890	2,79	0,0026	0,9974
2,30	0,0107	0,9893	2,80	0,0026	0,9974
2,31	0,0104	0,9896	2,81	0,0025	0,9975
2,32	0,0102	0,9898	2,82	0,0024	0,9976
2,33	0,0099	0,9901	2,83	0,0023	0,9977
2,34	0,0096	0,9904	2,84	0,0023	0,9977
2,35	0,0094	0,9906	2,85	0,0022	0,9978
2,36	0,0091	0,9909	2,86	0,0021	0,9979
2,37	0,0089	0,9911	2,87	0,0021	0,9979
2,38	0,0087	0,9913	2,88	0,0020	0,9980
2,39	0,0084	0,9916	2,89	0,0019	0,9981
2,40	0,0082	0,9918	2,90	0,0019	0,9981
2,41	0,0080	0,9920	2,91	0,0018	0,9982
2,42	0,0078	0,9922	2,92	0,0018	0,9982
2,43	0,0075	0,9925	2,93	0,0017	0,9983
2,44	0,0073	0,9927	2,94	0,0016	0,9984
2,45	0,0071	0,9929	2,95	0,0016	0,9984
2,46	0,0069	0,9931	2,96	0,0015	0,9985
2,47	0,0068	0,9932	2,97	0,0015	0,9985
2,48	0,0066	0,9934	2,98	0,0014	0,9986
2,49	0,0064	0,9936	2,99	0,0014	0,9986
2,50	0,0062	0,9938	3,00	0,0013	0,9987

The manufacturer's authorised representative in the EU is Springer
Nature Customer Service Centre GmbH, Europaplatz 3, 69115 Heidelberg,
Germany. If you have any concerns regarding our products, please
contact ProductSafety@springernature.com

Printed and bound by CPI Group (UK) Ltd, Croydon, CR0 4YY
29/04/2026
02099965-0002